AF610767

DIEU

ET

LES MALHEURS DE LA FRANCE

DIEU

ET

LES MALHEURS DE LA FRANCE

PAR

LE R. P. CAUSSETTE

VICAIRE GÉNÉRAL, SUPÉRIEUR DES PRÊTRES DU SACRÉ-COEUR

TOULOUSE

ÉDOUARD PRIVAT, LIBRAIRE-ÉDITEUR

RUE DES TOURNEURS, 45

1871

AVANT-PROPOS

Quant la guerre a éclaté nous venions de terminer deux volumes d'apologétique, en réponse aux objections philosophiques et scientifiques du jour. Notre travail, depuis longtemps imprimé, est retenu dans les magasins de l'éditeur par l'investissement de Paris, et ne sera publié qu'après la conclusion de la paix. Sans doute, les douleurs nationales sont une préparation utile à cette lecture. L'homme n'est jamais mieux disposé à lever les yeux vers le ciel, que lorsqu'il ne peut plus les laisser tomber sur la terre sans verser des larmes. Mais si le deuil de la France doit un jour ramener les esprits à la foi, il les en éloigne momentanément. S'il assure la renaissance religieuse de l'avenir, il est l'énigme et la pierre de scandale du présent. Sous ce rapport, les événements actuels ont donc ouvert une sorte de lacune dans notre cadre, et c'est pour la remplir que nous ajoutons ce chapitre détaché à l'Apologie que nous avons intitulé : *Le Bon sens de la foi*.

De toutes parts, nous voyons des ames éperdues demandant, après tant de désastres sans exemple et tant de prières sans effet visible, qu'avons-nous fait à Dieu ? C'est la désolation du monde romain au cinquième siècle, quand on niait la divinité du Christ, parce qu'il n'avait pas empêché l'invasion des barbares. *La Cité de Dieu* fut la sublime réponse de l'Eglise à cette accusation célèbre contre la Providence. Nous reprenons la tâche de saint Augustin, pour l'instruction de ceux qui n'aiment pas les ouvrages anciens, ou qui n'en savent pas faire l'application aux événements nouveaux.

Notre livre a déjà réfuté l'objection générale déduite des afflictions des bons et de la prospérité des méchants. ne semble-t-il pas même que nous avions pressenti l'état actuel des esprits quand nous écrivions : « L'âme « droite pénétrée de sa misère ne tire aucun scandale « de la distribution des joies et des larmes ici-bas, « l'âme égoïste et orgueilleuse, au contraire, convain- « cue que Dieu lui doit tout et qu'elle ne lui doit rien, « n'est jamais contente du sort qui lui est fait, et ses « désirs ou ambitions déçues se changent en blasphê- « mes : De nos jours, la science contribue à ces dé- « couragements accusateurs, en substituant les forces « aveugles à la Providence, et en attribuant aux

« énergies spontanées de la nature le pouvoir d'ajuster « les choses à leur fin. Répondons à la tentation de « l'homme malheureux qui ne se croit pas sous une « conduite divine parce qu'il souffre, ou bien parce « que d'autres souffrent moins tout en méritant de « souffrir davantage (1). »

Nous avons donc traité la partie fondamentale du sujet; il ne nous reste qu'à localiser la question dans l'Europe de 1870, et à l'individualiser, pour ainsi dire, dans les deux peuples qui viennent de se ruer l'un contre l'autre, pour en faire ressortir ce que David appelait les *Justifications de Dieu* (2).

Toutefois, en écrivant cette justification de Dieu, nous ne prétendons pas dresser l'acte d'accusation de la France. C'est le privilége de la patrie comme de toutes les mères de n'avoir jamais tort. Cependant, il est une chose que nous lui devons autant que le respect, la vérité ; sauf à la lui présenter à genoux. Rien ne nous est plus facile que de prendre cette attitude devant elle, surtout quand elle nous apparaît dans l'état où la défaite la réduite. Nous avons l'âme malade du spectacle de son martyre, nous regarderions comme une impiété filiale la dureté envers une telle douleur.

Hélas! quand naguère nous traitions des choses de la foi, en nous heurtant aux préventions obstinées de cette époque contre l'autorité divine, nous sentions la

(1) *Le Bon sens de la foi*, tom. II, p. 87.
(2) Ps. 118.

nécessité d'un grand orage pour courber les têtes rebelles que l'adoration ne faisait pas plier ! Sans nous vanter d'avoir prévu des catastrophes qui dépassaient de beaucoup la portée conjecturale de tout regard, nous avons alors signalé, à l'horizon, « des écroulements sous lesquels une grande partie de la génération actuelle serait écrasée (1). »

Les écroulements ont fondu sur nous. Puisse leur utilité répondre à notre annonce mieux encore que leur avénement. « C'est bien de ces chocs formidables que Dieu fait jaillir la lumière, et par ces profonds déchirements qu'il fait sa rentrée sur la scène et dans les cœurs (2). »

En attendant ce résultat, découvrons-nous devant les victimes qui ont payé de leur noble vie cette régénération de la France. Quand le médecin veut guérir, il fait couler le sang corrompu ; quand Dieu renouvelle les sociétés coupables, il verse leur sang le plus pur ; c'est la loi du calvaire appliquée aux nations ; alors la sainte image du Christ vient les couvrir, les consacrer, et elle ne tarde pas à les transfigurer.

Ferons-nous exception à cette loi ? La main sur le cœur et sur l'histoire de la patrie, j'affirme le contraire. La déchirante épopée qui s'accomplit maintenant dans son sein deviendra pour elle une éternelle source de vertus et de larmes. Des grandeurs intellec-

(1) Tom. I. Introduction.
(2) *Ibid.*

tuelles et morales qui lui faisaient défaut vont éclore de son infortune, semblables à ces fleurs qui naissent sur des ruines. Aussi ma foi ne fait que suivre ma raison au lieu de l'entraîner, en criant vers Dieu avec le poëte :

Sur les mondes détruits je t'attendrais encore !

Je me repose mieux, néanmoins, dans cette prière du Psalmiste : *Mon Dieu, j'ai espéré en vous, je ne serai pas confondu* POUR TOUJOURS (1).

(1) Ps. 30-2.

ÉTAT DE LA QUESTION

Ce qui se passe chez nous, depuis six mois, est tellement disproportionné à la marche et aux effets ordinaires de la nature, que la foi seule en peut fournir l'explication. Dieu semble faire du surnaturel à profusion, pour le redressement d'une génération qui n'en reconnaît pas. Cependant, jusqu'à ce jour, nous fûmes tellement accablé par les épreuves de notre pays, qu'elles nous ravirent la force de les commenter au profit de la moralité publique. La France est si malheureuse, qu'il nous semblait peu filial de lui rappeler qu'elle est coupable. Nous avons donc imité, à son égard, l'attitude des amis de Job qui, *effrayés de sa douleur, s'assirent en pleurant à côté de lui pendant sept jours et sept nuits, sans oser lui adresser une parole* (1).

Mais l'heure est venue de rompre ce silence respectueux. Saint Grégoire, faisant l'oraison funèbre de Rome ensevelie sous les ruines de l'invasion lombarde, nous fournira le sens de notre entrée en matière. Ecoutons

(1) Job, ch. 3.

cette lamentation presque biblique sur une détresse que la nôtre est bien près d'égaler :

« Si nous regardons autour de nous, nous ne voyons
« partout que le deuil. Si nous prêtons l'oreille, nous
« entendons des gémissements... Il n'y a plus d'ha-
« bitants dans les campagnes, il n'y en a presque
« plus dans les villes ; et, cependant, les restes du
« peuple sont frappés encore ; les uns sont traînés
« en captivité, d'autres subissent la peine capitale,
« d'autres sont massacrés.

« Qu'y a-t-il donc, mes frères, qui puisse nous
« charmer en cette vie ? Si nous continuons de chérir
« le monde tel qu'il est, ce ne sont plus des plaisirs,
« ce sont des plaies que nous aimons. »

« Rome elle-même qui semblait être jadis la Reine
« de l'univers, la voilà écrasée de plusieurs manières.
« Où est le sénat ? où est le peuple ? Et nous qui res-
« tons, après tant de désastres, nous vivons encore
« sous le glaive ; d'innombrables tribulations nous
« accablent. Rome est vide et l'incendie est dans ce
« désert. Après que les hommes ont disparu, les
« édifices tombent. Où sont ceux qui se réjouissaient
« parmi les monuments de sa gloire ? Où sont les
« plaisirs effrénés qui se renouvelaient continuellement
« dans son enceinte ?

« Il lui est arrivé ce que le prophète a dit de la
« Judée : *Tu seras chauve comme l'aigle.* Veuve
« de son peuple et de ces hommes puissants, au
« moyen desquels elle s'élançait sur sa proie, Rome
« ressemble à un vieil aigle qui n'a plus ni ailes ni

« plumes. Ce que nous disons de la ville de Rome, « nous savons que cela s'est accompli dans toutes les « autres villes. Méprisons donc ce siècle comme un « flambeau désormais éteint, et ensevelissons nos « désirs mondains dans la mort du monde lui-mê- « me (1). »

Si nous substituons Paris à Rome, ou plutôt si nous unissons Rome et Paris dans les désolations de ce sombre tableau, n'est-il point une peinture anticipée des calamités auxquelles nous assistons? Toutefois, il ne suffit pas d'en déduire la mélancolique conclusion de saint Grégoire, c'est-à-dire de pleurer sur les choses périssables, en nous réfugiant par l'espérance dans la patrie des biens éternels. La France est, en ce moment, le théâtre d'un enseignement providentiel; elle nous apparaît comme un de ces lieux tristement solennels qui ont été frappés par la foudre. Il s'agit de savoir comment la foudre fut attirée sur tant de grandeurs, comment elle en peut être détournée à l'avenir, par conséquent, de peser d'une main nos malheurs et de l'autre nos fautes. Seul, cet embrassement de la justice de Dieu et de celle de l'homme, dans l'abîme où nous sommes tombés, peut nous en retirer.

Ce jugement de nous-même sur nous-même est un acte de la conscience morale souvent corrompu par les passions et par les intérêts; aussi y a-t-il, maintenant, dans le monde, un désordre plus grand que nos souffrances, c'est notre manière de souffrir.

(1) Homélie sur Ezéchiel, liv. II.

Les uns, par optimisme de sentiment envers leur pays et envers eux-mêmes, ont voué une haine secrète à la loi qui explique nos châtiments, et ils disent à Dieu : « Nous ne voulons pas de la science de vos voies. » *Scientiam viarum tuarum nolumus* (1). Pour eux, quoique croyants, Dieu n'est visible que par sa bienfaisance, et il s'ensevelit, au lieu de se manifester, dans les grandes exécutions de sa justice. L'ordre universel c'est leur contentement particulier; le scandale de la Providence, c'est toute disposition contraire. Ils ne trouvent plus de signification divine à l'histoire quand elle leur coûte des larmes, et ils rêvent pour ce monde des béatitudes impliquant la négation et l'inutilité de l'autre. Au cinquième siècle, ils auraient blasphémé le Christ parce qu'il n'arrêtait pas l'invasion des Barbares; au huitième, parce qu'il n'exterminait pas tous les Sarrasins; pendant la Révolution française, parce que les tyrans ne furent pas guillotinés avant leurs victimes. Enfin, ils ne permettent pas à Dieu de régénérer les peuples malades par les larmes, même quand elles doivent être purifiantes, et ils sont toujours prêts à absoudre leur siècle pour accuser le ciel, comme si un siècle aussi bien qu'un individu n'était point justiciable de cette économie : *Il enfanta l'iniquité et il conçut la douleur* (2).

C'est à ces suppliants peu désintéressés que Bossuet disait : « Dans l'espoir du secours de Dieu vous lui

(1) Job, 21-14.
(2) Ps. 7-15.

« promettez de le bien servir, et vous exigez qu'il vous « achète à ce prix comme si vous lui étiez nécessaire. « Chrétiens, vous vous oubliez ; ce Dieu que vous priez « n'est plus qu'une idole dont vous prétendez faire ce « que vous voulez, et non le Dieu véritable qui doit « faire de vous ce qu'il veut (1). »

Mais il est une attitude pire que celle des murmurateurs en face de nos catastrophes, c'est celle des blasphémateurs. Après tout, ceux qui murmurent contre Dieu le reconnaissent ; mais d'autres font de ce nom adoré, dans leurs lamentations, le sujet d'une réticence à signification athée. Plagiaires de 93, moins l'adoration de l'Être suprême, ils remplacent la Providence par la fortune de la France. Ils vont jusqu'à regarder l'Être suprême comme le mal du passé, le mal lui-même comme le salut de l'avenir, et, après avoir fait crouler l'Europe dans le chaos, ils veulent la réédifier sur le néant. Rien n'égale la peine de ces ouvriers sinistres s'essayant vainement à composer du ciment avec la boue de la dissolution, ne comprenant pas que les empires ne sauraient se tenir debout quand les âmes sont à terre, et contemplant les effondrements qu'ils produisent des sommets de cette superbe indomptable appelée par l'Ecriture : *les élévations de Satan* (2).

On dirait de ces Romains qui ne furent point améliorés par la chute de Rome, et à qui saint Au-

(1) Bossuet, sur le *Culte dû à Dieu.*

(2) Apoc. 2, 24.

gustin disait : « Tous les peuples sont consternés « de votre infortune et vous l'oubliez. La prospérité « vous a dépravés et l'adversité vous trouve incorrigi- « bles. Brisés, mais non convertis par les châtiments « de vos vices, vous perdez les fruits du malheur parce « que devenus les plus malheureux, vous ne cessez « pas d'être les plus impies des hommes (1). »

Il s'agit donc de répondre aux murmurateurs et aux blasphémateurs, en étudiant la vraie cause des humiliations de la France. Baisons d'abord avec affection les plaies que nous allons sonder, sans toutefois oublier qu'il y aurait plus de cruauté que d'affection à ne les point découvrir. La gangrène se met aux blessures qui restent toujours enveloppées. Sans doute, un fils ne doit point dévoiler les fautes de sa mère ; mais il y a cette différence entre la France et notre mère, que celle-ci nous forme à son image, tandis que nous façonnons la France à la nôtre ; les défauts qu'elle a, c'est nous qui les lui avons donnés ; ses difformités ne sont autres que les nôtres; d'où il suit que la juger c'est faire une sainte justice de nous-même, et que l'absoudre entièrement serait nous targuer d'une pharisaïque impeccabilité.

La France, d'ailleurs, reste assez grande dans ses déchéances pour n'avoir besoin que de la vérité. Jamais son histoire n'avait présenté à la fois ni plus de mal ni plus de bien. Le mobile breton qui s'agenouille sur les champs de bataille, avant de tomber en héros,

(1) *Cité de Dieu*, liv. I, XXX.

couvre aux yeux de Dieu le solidaire qui meurt en blasphémant. La portion du pays qui croit et adore sauvera celle qui attira sur nous la justice d'en haut sans la reconnaître. Enfin, les ruines ont beau s'entasser, ces ruines ne sont pas un tombeau : il reste assez de sève dans les veines de cette patrie ensanglantée pour une prochaine régénération, et nos ruines elles-mêmes seront la préservation de l'avenir en immortalisant cet enseignement, que les peuples ne peuvent se séparer de Dieu sans se suicider.

Certes, en écrivant l'examen de conscience de la France nous ne prétendons pas reconnaître la supériorité morale de l'Allemagne. Toutes les nations ont un compte ouvert à ce ressort du gouvernement divin qui s'appelle, les délais de la vengeance céleste. L'échéance de leur dette peut être ajournée, la dette elle-même sera certainement acquittée. Comment s'y prendra la Providence pour faire expier à la Prusse le passif de cruautés et de brigandages qu'elle a mis à sa charge? Nous ne connaissons pas le moyen, mais nous affirmons l'avènement de cette grande réparation. En attendant, constatons que ce n'est pas une dignité, dans la destinée d'un peuple, de servir contre un autre de fléau de Dieu. Dieu, comme l'homme choisit ses verges parmi les éléments les plus bas de la création, parce qu'il est de la nature des verges d'être brisées quand elles ont servi. C'est ainsi que l'Allemagne, après avoir contribué à la moralisation des autres par les excès de son immoralité même, en recevra le châtiment trop mérité.

Voici donc le sujet de ces pages, dictées en quelque sorte par la voix des événements. Notre but n'est point de reproduire le traité de Salvien : *Du gouvernement de Dieu*, ni celui de Plutarque : *Des Délais de la justice divine*. Encore moins d'imiter le regard dominateur de Bossuet sur les convergences providentielles des malheurs qui composent notre histoire récente; nous nous proposons seulement d'indiquer pourquoi la France vient d'être si rudement jetée au creuset. Je le répète, aujourd'hui qu'elle est meurtrie et tout éplorée, comme Madeleine aux pieds du Sauveur, nous ne prendrons pas l'accent de la sévérité pour la gourmander; néanmoins la tendresse elle-même nous oblige de lui dire que si elle a beaucoup souffert, c'est parce qu'elle a beaucoup erré : 1° dans l'ordre moral; 2° dans l'ordre social; 3° dans l'ordre doctrinal.

PREMIÈRE PARTIE

NOTRE DÉCADENCE MORALE

Il y a quelques mois, les questions morales étaient aux yeux de la France élégante, littéraire et politique une superstition presque aussi démodée que la métaphysique. Le boulevard de Paris était le Panthéon où les saints du jour recevaient leurs palmes, et le jury ne se montrait pas difficile. Là, les vertus chrétiennes passaient pour une sorte d'archéologie monacale, et les seules qui eussent cours étaient celles que Bossuet appelle « vertus de commerce, ajustées non à la règle, mais à l'opinion (1). » La probité qui évite les flétrissures de la justice plutôt que les véreux profits de l'injustice, l'honneur qui s'affirme par l'éclat d'un duel, des austérités de tribune, certain puritanisme de journal, mille qualités de parade, en un mot, faisaient de la France le théâtre, et d'une partie des Français les histrions de l'Europe, dédaigneusement attentive à la représentation. Si, en ce moment, un

(1) Sermon sur l'honneur.

prophète surnaturel avait annoncé des tempêtes contre les immoralités de la nation, les sages auraient couru au bureau des longitudes demander vers quelles côtes la future tourmente se dirigeait, et, rien ne bougeant à l'horizon, ils auraient déclaré que le temps des fléaux de Dieu était passé.

Bercée par cette persuasion impie, la France s'est endormie au sein de trois corruptions qui en résument beaucoup d'autres, je veux parler d'une folie d'orgueil, d'un paroxisme de convoitises matérielles et d'un débordement de sensualisme qui seront le stigmate de notre époque devant l'avenir. Ce sont, comme on voit, les trois déchéances surnommées par les Pères le péché de l'ange, le péché de l'homme et le péché de la bête. S'il n'était point puéril d'accentuer davantage les rapprochements, nous ajouterions que la première de ces déchéances avait son siége principal dans les cinq Académies, la seconde à la Bourse, la troisième sur d'innombrables théâtres de plaisirs et de divertissements malsains.

Je sais bien que nous n'avons pas monopolisé les vices de l'Europe et que, plus ou moins, les mêmes infirmités affectent tous les peuples et tous les siècles ; mais ces trois ramifications de la concupiscence originelle ont marqué la France actuelle d'une dégradation caractéristique. Sous ce rapport, les scandales de notre exemple demandaient une répression, et, quand la mesure a été comble, Dieu s'est levé pour nous réduire sans nous exterminer. Dieu, en effet, ne veut pas plus la mort de notre patrie que celle du pécheur ;

mais, comme le pécheur, il faut que notre patrie meure à sa corruption, si elle n'en veut pas mourir. Son salut est tout entier dans la mise en pratique de cette grande leçon donnée par Bossuet à l'homme : « Nettoyez à Dieu son temple et il y fera sa rentrée. » Que la France se purifie, elle sera de nouveau habitée par la protection divine, et Dieu une fois rentré chez nous, la gloire n'en sortira plus.

Ici l'orgueil philosophique dira : Pourquoi chercher dans les cieux des explications qui tombent sous les sens? Nous avons été surpris par un ennemi qui nous cachait sa force, nous avons été trompés par des gouvernants qui s'exagéraient la leur, tout le reste est la conséquence naturelle de cette surprise et de cette erreur. Mais comment cette surprise a-t-elle pu réussir, puisqu'avec une police qui connaissait dans la pensée de tous les Français, il nous était si aisé de connaître les préparatifs militaires des Allemands? Comment cette erreur fut-elle commise, puisqu'elle eut pour auteurs des hommes si intéressés à l'éviter? Comment, enfin, une telle cause eut-elle des effets si insolites qu'ils resteront le problème de notre présent, la stupéfaction de l'avenir, et une date ineffaçable dans l'histoire? Evidemment, c'est en vain que l'on affecterait d'estimer très-explicables aujourd'hui des événements que l'on eut jugés incroyables ou impossibles il y a quelques mois. Donc, entre le principe qu'on leur assigne et les conséquences invraisemblables qu'il engendra, il y a une disproportion de relations, un hiatus où la raison toute seule s'évanouit, et qui arrachent la question à sa compétence pour la remettre aux mains de la philosophie surnaturelle.

C'est, aussi, avec ce double regard de l'âme, la raison et la foi, que nous allons soulever les voiles de la situation, désireux de donner égale satisfaction à l'une et à l'autre, en explorant dans nos désastres ce que Bacon appelait l'*intérieur des choses*, *interiora rerum*.

Au reste, loin de nous ce surnaturalisme à outrance qui voit partout des prodiges pour être dispensé d'étudier des causes ; loin de nous, surtout, ce surnaturalisme à double face qui écrase la France de ses accusations parce qu'elle est vaincue, et qui l'aurait canonisée si elle eût été victorieuse. Nous nous présentons à ce débat, preuves et pièces en main, nous conjurons notre pays de ne pas regimber contre l'évidence au nom de la raison.

---

§ 1er

Orgueil

Notre peuple a hautement mérité le reproche adressé par Ezéchiel au roi de Tyr, « ton cœur s'est élevé et tu as dit : Je suis un dieu (1). » Il a été en œuvres, et surtout en paroles, pendant la phase historique d'où nous sortons, un des moins modestes de l'univers. Sa principale infatuation fut de croire qu'il était le seul auteur de ses prospérités, et que la Providence s'était retirée des affaires de ce monde pour lui en abandonner la direction. Durant ce vertige orgueilleux, il s'est livré à l'adoration de sa propre force et il n'a plus compté avec les énergies surnaturelles. Il a remplacé dans ses actes de foi le Dieu de Clovis par le Génie de la France, et son attitude, vis-à-vis du ciel, a pris le caractère d'une frivole insolence.

Ecoutez les diverses classes de notre société dans ce concert d'émancipation athée. Les libres penseurs ont répondu à la discipline salutaire des révélations chrétiennes : « *Nos lèvres sont à nous, qui sera notre maître* (2) ? » Les hommes politiques ont dit, après le

(1) Ezéchiel, 28-2.

(2) Ps. 11-4.

succès de leurs combinaisons trop souvent sans moralité : « *C'est notre puissante main qui a fait ces choses et non pas celle du Seigneur* (1). » Les parvenus se sont écriés, en contemplant leur fortune établie par des habiletés plus fructueuses qu'honorables : « *Ce fleuve de richesses vient de moi, et c'est moi qui me suis fait moi-même* (2). » Enfin les rois, oubliant que Dieu leur était mille fois plus nécessaire qu'ils n'étaient utiles eux-mêmes à sa cause, ont cru cacher les fautes de leur règne sous les magnificences de leur capitale, et ont répété : « *N'est-ce point là cette Babylone splendide que j'ai rebâtie, en mémoire de la grandeur de mon empire et de la force de mon bras* (3) ? »

Mais qu'est-il résulté de ces enivrements insensés ? Que la France a perdu l'équilibre, car c'est le propre de l'ivresse de faire chanceler. En vain le colosse se glorifiait de sa tête d'or et de son bras d'airain, ses pieds étaient d'argile, et le choc qui l'a renversé, en prouvant cette fragilité, a fourni la justification sociale de la loi évangélique : *Celui qui s'exalte sera humilié* (4). Il est vrai que, de son côté, ce n'est point pour s'être humiliée que la Prusse est exaltée ; mais si Dieu permet que les orgueils de ces deux puissances soient aujourd'hui foulés l'un par l'autre, comme celui de

(1) Deut., 32-27.
(2) Exéch., 29-3.
(3) Dan., 4-27.
(4) Luc, 18-14.

Platon l'était par celui de Diogène, Dieu mesurera, un jour, à chacune d'elles, des expiations proportionnées à ses excès. La Prusse du temps d'Iéna faisait à la France les reproches que celle-ci lui adresse en ce moment. La réparation même qui nous est imposée est une garantie de celle qui nous est réservée. L'histoire a des redressements tardifs, mais inexorables pour de telles iniquités.

Certes, nous ne compromettrons pas cette thèse par l'apologie odieuse de nos envahisseurs, mais la force de la vérité nous oblige de le dire ; le pape cuirassé et éperonné qui règne à Berlin, a pu prescrire, avant la guerre, des jours d'humiliation dont la jactance française n'aurait point senti le besoin. C'est que la Prusse a l'amour-propre de paraître meilleure, et la France celui de se montrer pire qu'elle n'est. D'un côté, c'est l'hypocrisie, qui est au moins un orgueil fondé sur le respect dû à la règle ; de l'autre, c'est le respect humain qui est le mépris de la règle, et une dépravation de l'orgueil lui-même.

En cette extrémité, le nôtre s'est glorifié de tout, excepté du seul avantage qui eût pu le légitimer, je veux parler de nos vertus. Que la France ait succombé à la tentation d'être fière d'elle-même, c'est compréhensible ; mais pourquoi le fut-elle plus de ses expositions, de son ciel, de ses rivages, de ses flottes et de ses soldats que de la pureté de ses enfants? Qui de nous ne s'est point enorgueilli de la puissance, et qui de nous plaça jamais son orgueil dans la moralité de son pays? Aussi cette puissance qu'on avait cru solide comme du fer, dit saint Paul, s'est écoulée comme de l'eau au contact de l'épreuve (1).

Et, bien avant d'avoir perdu notre force, nous avions déjà perdu, pour le même motif, notre prestige. Depuis longtemps les Français étaient devenus, aux yeux de l'Europe sérieuse, un type d'hommes aimables mais vains, s'estimant trop et ne se respectant pas assez, capables d'une grande générosité par sentiment chevaleresque, d'une grande outrecuidance par amour propre national, et portant, dans leur esprit de fronde envers Dieu et envers les hommes, la prédisposition à toutes les suffisances et à toutes les négations. C'est que la négation procède inévitablement de la suffisance, car, d'après l'Ecriture, l'orgueil est un principe d'apostasie.

Je sais bien que l'effet le plus subtil de l'orgueil est de nous cacher sa présence en nous. Le propre de l'orgueilleux, peuple ou individu, est de s'en croire d'autant moins qu'il l'est davantage. En ce sens, Pascal a pu dire : « C'est être grand que de connaître qu'on est misérable ; » mais si obstinés que nous soyons à l'illusion sur notre compte, comment ne pas reconnaître notre orgueil, au moins dans les dommages qu'il nous a causés ?

C'est notre orgueil qui compromit le succès de la campagne actuelle, par des entêtements bureaucratiques, convaincus de tant d'imprévoyances devant l'ennemi. C'est notre orgueil qui nous fit préférer la

(1) Coloss., 1-17.

routine française aux perfectionnements de l'étranger. C'est notre orgueil qui nous persuada qu'on pouvait suppléer aux études stratégiques par des improvisations de champ de bataille. C'est notre orgueil qui nous fit entreprendre cette guerre comme une promenade d'été, dont une moitié devait se passer en parades militaires, et l'autre en villégiatures de luxe dans les stations thermales du Rhin. Enfin, c'est notre orgueil qui refusa de croire à la possibilité de nos défaites comme si nous avions fait un pacte avec la victoire, et qui prépara tous nos malheurs pour avoir dédaigné de les prévenir. La sagesse païenne elle-même avait annoncé que de telles démences sont le commencement de la ruine. *Quos vult perdere Jupiter dementat.*

Que chaque Français réagisse donc, par sa modestie individuelle, contre les inclinations présomptueuses de la nation. Redressons, surtout, cette aberration de notre amour-propre national, qui nous fit trop préférer les succès qui brillent aux qualités qui sauvent, et nous travaillerons à relever les ruines de la patrie. Ce ne sont point nos vanteries, en effet, ce sont les vertus régénératrices qui seront notre suprême revanche contre la mauvaise fortune. Certes, mon cœur bondit à la pensée des amoindrissements que l'ennemi voudrait nous imposer. Mais ce rêve ambitieux fût-il réalisé, il nous resterait un dédommagement... en attendant la vengeance : si la France gagne en moralité ce qu'elle est menacée de perdre en territoire, elle sera plus grande même en devenant plus petite, et nos défaites se retourneront contre nos vainqueurs en nous communiquant la force cachée qui rend les peuples invincibles.

Ce qui constitue excellemment la vie des peuples, ce n'est point l'ampleur de leurs formes, c'est-à dire l'étendue de la place qu'ils occupent, c'est leur santé physique et morale. Cependant, par suite du travers national que je signale, bon nombre de découragés semblent chérir leur pays par amour-propre plutôt que par amour pur, et se sentent moins Français depuis que la France est moins glorieuse. Pour moi, j'ai beaucoup aimé la France pour sa gloire, mais je suis capable de l'aimer encore davantage pour ses malheurs! L'âme d'un peuple comme celle d'un homme n'est pas entamée par les amoindrissements de son corps. C'est là la patrie invisible sur laquelle l'insolence germanique ne peut ni poser son pied brutal, ni tracer aucune réduction de frontières. Aussi, que la France soit géographiquement lacérée du côté du Nord, je ne puis croire à ce crime de l'Europe ; toutefois, si la France doit le le subir, elle se repliera dans son intégrité morale au Midi. Plus elle se réduira sur le sol, plus elle doit grandir dans les cœurs de ses fils, et s'il était possible qu'elle fût destinée à périr dans un effort suprême, au moins que les peuples de l'avenir passant sur ce champ de mort soient obligés de se découvrir en disant : Ici fut le tombeau de la plus grande nation du monde et reposent les restes des derniers Français !

§ 2

La Plaie d'argent

La passion des intérêts matériels fut la seconde plaie de notre pays depuis un demi-siècle. Je pourrais dire la première par ordre de dégradation, car si l'orgueil est l'amour de la gloire, et la volupté l'amour du plaisir, le culte de l'argent est l'amour de la poussière. C'est donc la plus abjecte des idolâtries. Cependant, l'histoire la signalera comme un trait distinctif de la France contemporaine. Non, certes, que le rêve de la pierre philosophale n'ait point occupé d'autres époques, ni que la convoitise de Midas demandant aux dieux de convertir en or tout ce qu'il toucherait, ne caractérise pas, à différents degrés, d'autres pays; mais le nôtre plus que les autres s'est engagé au service du Mammon d'iniquité, et la France qui était, au dix-septième siècle, le Sinaï de l'Europe pensante, est devenue le laboratoire, le marché et le tripot de l'univers.

A titre de laboratoire, elle a concentré les pensées de la génération actuelle dans les bas-fonds du monde visible, et cette étude exclusive des réalités palpables a produit, simultanément, le matérialisme spéculatif, qui est la négation du principe spirituel, et le matérialisme pratique qui est la mort de tous les sentiments généreux. Le premier a formé une foule de demi-savants qui ne croient pas en Dieu, le second une foule d'hommes soi-disant positifs qui ne croient pas à la vertu. Rien de pire que les premiers, dans l'ordre des croyances, parce qu'ils ont l'orgueil de la petite science sans avoir les correctifs de la grande; rien de pire que les seconds, dans l'ordre des mœurs : nos romans, nos théâtres, nos salons, nos parlements ont été infectés par ce type du scepticisme financier, qui compte les principes pour rien, les intérêts pour tout, qui n'a d'autre autel que le comptoir, d'autre dieu que son ventre, et qui échelonne, dans son estime, l'honneur et le devoir après les gros revenus.

De tels hommes ne furent jamais les sauveurs d'un pays. Ils pullulent dans la décrépitude des sociétés, ainsi que les parasites dans un milieu vermoulu, mais ils ne rajeunissent rien. Ils ont cru pouvoir changer les lois providentielles, comme ils maîtrisaient les cours de la Bourse, en remplaçant les vertus par les capitaux, la Providence leur a renvoyé les démentis qu'ils lui avaient jetés. Alors l'édifice dont ils se croyaient les arcs-boutants inébranlables s'est effondré sur eux, et Dieu qui avait disparu dans nos splendeurs, se montre sur nos ruines, parce que Dieu se devait à lui-même de balayer les immondices d'une civilisation élevée sans lui et contre lui.

A titre de marché européen, la France était encore

passible d'une justice sévère. Sans doute, un laboratoire n'est point favorable à l'élévation des idées, puisque au lieu de la pousser vers le haut il localise la découverte dans les entrailles du globe. Mais un marché n'élargit pas davantage les esprits. On peut dire que si, d'un côté, c'est la clarté du soupirail, de l'autre, c'est celle de la *corbeille;* ni dans le premier, ni dans le second cas, ce n'est un horizon complet.

Le marché que j'étudie a démoralisé la France en faisant d'un peuple agriculteur un peuple industriel, et d'un peuple soldat un peuple spéculateur. Funeste transformation dont la foi eut beaucoup à souffrir. Le dépeuplement des campagnes au profit des grandes villes a été la conséquence de cette évolution : or, tout homme qui a quelques épis à faire mûrir et les cheveux blancs de son père à garder est enrôlé par une sainte violence de la nature au nombre de ceux qui adorent. Au contraire, l'ouvrier déraciné qui n'a ni foyer, ni église, est une recrue naturelle de l'impiété. C'est que dans les campagnes l'homme reçoit la pensée de Dieu par tous les sens ; la nature est un temple qui porte au frontispice le nom de son auteur : dans les antres de l'industrie, l'homme courbé sur son œuvre ne connaît pas celle de Dieu, et il devient une machine vivante, un corps sans âme qui n'a pas le temps de s'interrompre, même pour se mettre à genoux.

La bonne foi n'a pas moins décliné que la foi sous l'action dissolvante du mercantilisme. Qui pourrait compter les institutions de crédit qui ont vécu, sans le mériter, sous la garantie de notre patronage financier? Qui pourrait évaluer le nombre de victimes qu'elles ont fait, et le chiffre des rapines qu'elles ont impunément consommées? Le siècle dernier n'a eu qu'un Law et il l'a cloué au pilori de l'histoire; notre génération a vu surgir de ces aventuriers malfaisants par centaines, et il les a graciés quand il ne les a pas faits ministres ou députés. Il y a plus, la liberté de telles opérations a été décrétée comme celle de la pensée. En ce temps-là tout Français qui prenait un porte-monnaie dans la poche de son voisin était flétri, tout exploiteur chamarré de décorations qui appelait à lui, pour des entreprises hypothétiques, des millions dont il ne rendait plus compte était inviolable. Enfin les capitaux ont été mis en demeure de pourvoir à leur propre défense, de par la loi elle-même; bon nombre de législateurs désirant peut-être se protéger en protégeant l'irresponsabilité de l'agiotage. Durant cette période, la spéculation qui demeure chez les autres nations l'occupation des grands et des hommes d'affaires, est devenue chez nous une fièvre populaire. Des princes aux ouvriers, les descendants des preux se sont faits marchands ou courtiers d'affaires, notre pays a servi de comptoir à l'univers, et la place de Paris s'est convertie en un vaste établissement d'usure, où les rois insolvables sont venus tour à tour déclarer et réparer leur banqueroute, côte à côte avec les fils prodigues qui n'avaient pas de quoi payer leurs *différences*.

Comment s'étonner des malheurs qui en sont résultés pour nous? Pendant que nous étions une bruyante image de la Bourse, la Prusse était une silencieuse caserne ; aussi les premières rencontres ont ressemblé au mouvement d'un camp bien armé qui fond sur la population babillarde et affairée d'un marché. C'était, au reste, l'accomplissement d'une parole de l'Écriture : « *Les maisons trop riches seront renversées.* » Il est inoui, en effet, qu'un peuple ait cessé de subsister pour cause d'indigence ; au contraire, les sociétés marchandes ont toujours eu des destinées chanceuses comme les maisons de commerce, et de Tyr à Carthage, de Carthage à Venise, il se ferait un long nécrologe de celles en qui les richesses altérèrent la vitalité avec les mœurs.

Mais nos désastres sont encore la conséquence de cette loi, qu'un peuple perd pour les armes tous les avantages qu'il acquiert pour l'industrie. Dans ce cas, sa sève dégénère, sa force est remplacée par la pléthore, et il devient une proie bonne à conquérir au lieu d'être lui-même conquérant. L'aigle de Prusse s'acharnerait-il si longtemps sur le corps palpitant de la France, s'il y trouvait une curée moins abondante?

Après la foi et la bonne foi, tout cet ensemble de dignité morale qui compose le caractère d'un peuple a été atteint par l'abus des pratiques financières. Pour les familiers du temple de Plutus, point de regard vers le haut ; leurs affections concentrées sur la terre leur ferment l'horizon du côté des cieux. D'ailleurs, qu'ont-ils à voir vers le haut ceux qui ont fait l'échange de l'autre monde contre les biens de celui-ci?

Point de tendresse de sentiments ; à leurs yeux, les sentiments sont un préjugé comme les croyances, à quoi bon un cœur d'or dans la poitrine métallique d'un homme d'argent? Point de notion du devoir ; si on leur dit vous êtes des dieux, ils le croient ; si on leur dit vous êtes des bêtes, ils le croient mieux encore, parce que dieux ou bêtes, ils sont alors ce qu'ils veulent être, moralement irresponsables. Point de modestie intellectuelle ; l'homme le plus content de lui est le parvenu ; nul siècle n'est infatué de son importance comme un siècle peuplé d'hommes enrichis par leur adresse. Point de pureté de mœurs ; les peuples sont comme les jeunes gens, plus ils ont à dépenser plus ils se détériorent : le plaisir est le luxe de la vie qui coûte le plus cher : aussi tandis que la Providence met le pain à bon marché, elle fait de la volupté une satisfaction princière que les grandes fortunes peuvent seules payer. Point de simplicité dans la vie privée ; sous ce régime énervant, on voit des tables de sybarites qui rappellent Lucullus, des sommités de la finance qui bâtissent leur Versailles avec une somptuosité rivale de celle des rois, des danseuses mieux rétribuées que des généraux, enfin le faste de Babylone remplacer partout l'austère élégance des aïeux.

Je pourrais ajouter point de moralité dans la vie publique ; car alors les peuples ne cherchent pas le thermomètre de la prospérité dans leurs vertus, mais au cours de la rente. Aux jours heureux, les anciens disaient : Montons au Capitole et rendons grâces aux dieux. Les modernes disent : Passons à la Bourse et sachons ce que cela va nous rapporter. Par suite, les principes s'oblitèrent, les droits sont ridiculisés et les masses s'accoutument à ne croire à plus rien qu'à leurs intérêts.

Est-il surprenant que l'orage ait fondu sur ces entassements de richesses qui s'élevaient comme une provocation vers le ciel? le contraire le serait davantage. Un jour le petit-fils du grand Condé montrait des valeurs en papier qu'il venait d'acheter, et criait aux passants devant un bureau de Law : « Je suis propriétaire de deux cents actions. » Un inconnu jouant sur les mots, lui dit : « Pour une action de votre grand-père, prince, je donnerais volontiers toutes celles-là. » Voilà l'histoire de la France actuelle. Elle a préféré aux actions héroïques les actions lucratives, et elle est tombée de la grandeur de Condé à la mesure de Law !!.... Heureusement elle n'a qu'à remonter pour se relever.

Dieu lui demandait des vertus et elle lui offrait des capitaux. Pouvait-il accepter cette transaction ? Non, il fallait que le monde le sut, le progrès matériel n'est pas la civilisation quand il n'est point la base d'un progrès moral proportionné. Alors Dieu la renverse, comme on fait d'un édifice bâti sans régularité pour le relever sur un plan plus normal. C'est qu'aux yeux de Dieu, peu importe ici-bas quelques villes ou quelques châteaux de moins, pourvu qu'il y ait quelques élus de plus. L'univers le plus parfait n'est pas celui qui est tiré au cordeau et semé de squares ou de perspectives enchantées, c'est celui qui est habité par des âmes plus belles que les monuments. C'est-à-dire que le but providentiel de la société n'est point d'agglomérer des valeurs et d'embellir des capitales, mais de préparer des citoyens à la patrie future. Que les Prussiens nous élèvent donc moralement, nous leur devrons une grandeur plus réelle que celle qu'ils nous ravissent, car le peuple vraiment misérable n'est pas celui qui est dépouillé de ses richesses, c'est celui qui n'est pas digne d'en avoir.

Il y a pire, pour un pays, que d'être un laboratoire et un marché, c'est d'être une maison de jeu ; voilà, néanmoins, l'extrémité où le culte des intérêts nous fit descendre, et un opprobre qu'il a introduit dans nos habitudes, j'allais dire dans nos institutions. Je sais les raisons qu'on allègue pour le maintien des opérations à terme et à découvert ; je sais encore que ces raisons sont respectées sur toutes les places de l'Europe ; mais nulle part, plus que chez nous, ce moyen de s'enrichir n'est entré dans les mœurs publiques. Il a formé une classe particulière d'inutiles et de paresseux, tenant le milieu entre l'homme d'affaires et le chevalier d'industrie. Ce sont là les sceptiques de la pire espèce, car pour eux quel principe vaut les bénéfices de leur partie? Quelle est l'éventualité même redoutable dont ils ne fassent pas sujet de pari ? A leurs yeux, une révolution n'est qu'un coup de dé, une bataille un beau tour de Bourse, et, à la veille d'une de ces journées décisives où la patrie ne respire pas d'émotion, il y a de ces spéculateurs à la baisse qui désertent par le cœur à l'ennemi, parce qu'ils se sont fait des espérances hypothéquées sur les malheurs de leur pays !

Combien d'entre eux, si Paris n'eût pas été bloqué, se seraient consolés de nos désastres en les exploitant à leur profit ! Ceux qui vont détrousser les morts sur les champs de bataille me sont moins odieux que ces oiseaux de proie rôdant autour de la France agonisante pour la dévorer. Et cette lèpre de nos mœurs n'est pas sans influence sur l'abaissement des idées et des âmes. Rien n'accoutume davantage les masses à nier la Providence que les bonheurs fabuleux de la spéculation. Ce qui surexcite les convoitises populaires ce ne sont pas les richesses qui coûtèrent du génie et du travail, ce sont les succès immérités de la loterie et de l'agiotage. A la vue de ces fortunes fantastiques, qui paraissent et s'évanouissent comme des palais enchantés, les ressorts de l'attention publique se tendent, les ambitions se déclassent, la part de Dieu dans le gouvernement des choses de ce monde est diminuée, et tout se réduit, pour la gloire d'un homme, à prévoir les mouvements de la hausse et de la baisse avec sûreté.

Est-il besoin de faire observer que ces trois causes de prospérité matérielle devaient être pour nous des sources de ruine? Nous avons oublié les exemples classiques. Sparte ne monnayait que de vils métaux pour ses sujets, de peur de les attacher à l'or et de les dégoûter de son brouet noir. Les beaux jours de Rome furent ceux où ses généraux laboureurs laissaient, après la victoire, l'épée pour la charrue, non ceux où des prétoriens promenaient dans des chars d'ivoire, — comme qui dirait dans les carrosses de gala de l'époque, — leur paresse suffisante et dorée. Isaïe, de son côté, montre, pour l'instruction de l'avenir, l'éphémère fortune d'une célèbre métropole de commerce en s'écriant : « *Qui aurait pensé cela de cette superbe Tyr qui, autrefois, portait une couronne et dont les négociants étaient des princes!* (1) » En un mot, partout et toujours, abondance de richesse fut pour une société symptôme de décadence. Pourquoi la France a-t-elle prétendu faire reculer cette loi? La vérité ne remonte pas. Du haut de l'ordre éternel, où elle puise sa source, elle se précipite contre les obstacles placés à l'encontre de sa pente. Malheur aux nations quand elles se débattent contre ce courant, le courant est irrésistible, il faut le suivre ou être englouti.

(1) Is. 23, 8.

---

§ 3

Sensualisme

La moralité de la France était donc profondément entamée par l'orgueil et par la soif des richesses quand l'ennemi est venu sonder nos brèches. Mais il est un point sur lequel elle tombait en putréfaction. Est-il besoin de désigner plus clairement les excès de sensualisme propres à notre pays? Plusieurs causes y avaient contribué. D'abord, le progrès du bien-être développa l'amour du plaisir, car si l'abondance n'est pas la corruption, elle la produit ; et, sous ce rapport, l'industrie ne fut pas l'agent inoffensif de la fortune nationale, elle devint encore la pourvoyeuse de nos vices.

En second lieu, la foi ayant baissé, les mœurs devaient suivre sa marche descendante. « Les mœurs prouvent la foi, dit Bossuet, mais la foi soutient les mœurs. » Voici, néanmoins, une gageure sérieusement engagée par notre siècle contre Dieu : il cherche à conserver les mœurs chrétiennes avec des idées pires que celles du paganisme. Toutefois, le monde vient de constater la déconvenue de ces contrefaçons anti-évangéliques. C'est maintenant prouvé, la morale indépendante n'est pas autre chose que l'indépendance de toute morale, et tel écroulement dans les croyances correspondra toujours à un amoindrissement proportionnel des vertus publiques. Aussi notre époque ayant inauguré la liberté illimitée de la pensée, a dû fournir l'exemple de la liberté illimitée de la conduite. Le débordement qui s'en est suivi est un chapitre de notre histoire qui ne se peut conter qu'avec réticences.

Il est bon d'ajouter aux causes précédentes de relâchement moral la coupable tolérance des pouvoirs. Ils ont amusé le peuple pour qu'il ne songeât point à se mutiner; ils ont essayé de le chloroformiser pour le rendre maniable. Pendant qu'ils fermaient hermétiquement la porte aux revendications politiques, ils la tenaient grande ouverte à toutes les diversions immorales. Le droit de mal faire était plus respecté que celui de bien penser. L'inviolabilité du libertinage sur la scène, dans la peinture, dans la presse était plus complète que celle des opinions anti-dynastiques. Aussi qu'arriva-t-il ? que cette soupape ouverte aux passions populaires ne tarda point à devenir le péril, bien loin d'être le préservatif; on craignait que la machine gouvernementale n'éclatât par explosion, elle alla s'embourber dans un égout. Ah! si les instituteurs des princes sont flétris quand ils les dépravent pour les dominer, quelle ne sera pas la responsabilité des conducteurs d'un peuple descendant jusqu'à corrompre pour régner! Je connais les excuses politiques de ces complicités; le sens moral les réprouve et Dieu les jugera.

De ces causes de dissolution sont sorties des conséquences dignes des plus célèbres décadences. Même quand on ne croit pas à l'innocence proverbiale des siècles passés ; même quand on sait que le mal n'est pas un produit tardif des libertés de 89, il est difficile de ne pas convenir que nos derniers trente ans ont été un déchaînement effréné de luxure, et, partant, un défi jeté à toutes les lois conservatrices de la société.

La corruption a commencé par les esprits. Notre littérature est devenue la plus immorale de l'Europe actuelle. Aucun peuple n'a produit une aussi grande quantité de livres destinés à distraire sans instruire, et à passionner les cœurs sans élever les âmes. Le genre roman, qui n'avait point de place dans la littérature classique, est devenu presque toute notre littérature. Combien de nos écrivains ont composé des centaines de volumes et n'ont pas fait un livre, encore moins un bon livre ! Fiers de l'attention du monde et peu soucieux de son estime, ils lui ont versé, à prix d'or, l'inondation du babil le plus licencieux. En présence de cette invasion séduisante, toutes les frontières se sont abaissées, tous les peuples nous ont accordé une hospitalité de curiosité : nous avons pris vainement cela pour de la domination ; car au moment où nous faisions leur conquête par le vaudeville, ils s'apprêtaient à nous conquérir par les armes.

Au moins, quand Tibulle, l'Arioste, Bocace, Rabelais, La Fontaine se firent corrupteurs, ils abritèrent l'indécence sous le prestige du chef-d'œuvre ou d'une puissante originalité. Il y a dans le génie un idéal qui corrige, comme l'arôme, l'inspiration malsaine. Mais nos auteurs divertissants font de l'esprit toujours et n'en ont que de temps en temps. Le génie leur prêta rarement ses ailes. Et si notre langue a la responsabilité de leurs œuvres, on peut dire qu'elle n'en a pas toujours fait les frais ; car la moitié de cette littérature de France n'est pas française.

Et ce n'est point là toute la décadence de l'esprit national. Conteur de longue haleine dans le roman, il devait encore diminuer son poids et son volume pour se faire chroniqueur. De cette réduction du livre frivole est née une chose plus frivole encore : le journal amusant ! Funeste invention, qui découpe toute la vie de la nation en anecdotes, qui ne subsiste guère que de scandales, qui n'enseigne d'autre histoire que celle des acteurs et des femmes perdues, d'autre honneur que la forfanterie des duellistes, d'autre philosophie que la fatuité du mépris universel, d'autre morale que les règles du sport et des clubs à la mode, enfin qui mène au dévergondage des mœurs par le crétinisme de l'esprit.

Créé d'abord pour le demi-monde, le journal amusant est devenu la lecture de tout le monde. Tous, il est vrai, en disent du mal ; mais tous veulent le connaître. On attend l'heure de son apparition dans la rue, on jure par lui dans les salons du château. Ses auteurs, comme ses lecteurs, parlent de tout et ne savent que peu de chose. Sorte de pain de luxe destiné aux tempéraments intellectuels affadis, il convertit la lecture en un véritable épicuréisme d'esprit. Après lui, un livre est illisible si ses pages ne présentent pas moins de texte que de blanc, une page est effrayante si elle n'est point divisée en dix alinéas, et un alinéa est écrasant s'il renferme plus de trois lignes.

Cependant, l'intelligence de la France s'est prodigieusement amoindrie en se débitant ainsi en détail. Parmi les esprits nourris à ce régime de crême fouettée, les aigles sont devenus des oiseaux moqueurs, la pointe a remplacé le bon sens, le bon sens lui-même a été sifflé comme une banalité démodée, et la science comme un ridicule dont on se préserve quand on a du talent. Ainsi, une cinquantaine de jongleurs, plus ou moins littéraires, ont monopolisé l'attention de la nation. Moyennant quelques centimes, une famille pouvait acheter assez de leurs œuvres pour s'empoisonner, à petites doses, les semaines entières, et les familles n'y ont pas manqué. Pendant longtemps les acteurs de cette représentation immorale ont fait sans cesse salle comble. Mais quand les révolutions sont venues balayer les planches de leurs tréteaux, on a été stupéfait des cloaques sur lesquels ils exécutaient leurs tours, et du résidu nauséabond qu'ils laissaient dans leur fond de cale. Le sérieux de tout un peuple venait d'être sacrifié à quelques spéculateurs du journalisme qui avaient besoin de la liberté de tout dire pour battre monnaie, et à quelques *inutiles* du boulevard qui avaient besoin de la liberté de tout entendre pour se désennuyer.

Nous avons vu encore un pire effet de cette cause. A l'heure de nos crises suprêmes et lorsque la France s'avançait armée vers ses frontières, chacun lui offrait, par avance, des baumes pour les blessures qu'elle allait recevoir. Les industriels de la petite presse se mirent en frais d'un tirage gratuit pour ce pieux service. En guise de cordial, ils envoyèrent leurs bouffonneries à nos soldats. Ils se préparèrent à conter en entre filets héroï-comiques la tragique campagne qui allait s'ouvrir ; leurs *reporters* prirent le pas sur nos généraux ; enfin leurs feuilles entrèrent, avec les souvenirs délicats des mères et des épouses, dans la valise de beaucoup d'officiers... Soldats, généraux, officiers lisaient-ils ces pages si peu dignes de Plutarque et si peu faites pour apprendre à gagner des batailles? Respect à notre vaillante armée dans ses malheurs! Convenons, cependant, que bon nombre de ses chefs ont fait la guerre en héros du *Charivari* plutôt qu'en disciples de Vauban; et quand je compare la solidité allemande soit à la suffisance de sentiments, soit à l'insuffisance d'instruction qu'une partie de nos défenseurs avait puisées dans nos hérodotes de boulevard, je ne suis pas étonné des humiliations qui nous sont infligées !

Français de cette génération si malheureuse, fermez donc votre porte aux amuseurs publics. La France aura toujours trop d'enfants disposés à rire; n'allez pas lui former des histrions quand elle a besoin de citoyens. Assez et trop longtemps elle céda la parole aux premiers... Pendant le spectacle, l'ennemi survint aux portes de Constantinople, et vous savez le sang et les larmes qu'il fallut pour laver la honte de cette veille des *affaires sérieuses!*

Pour moi, rien ne me prouve mieux que ces considérations, la vérité émise par un grand voyant : « La « France exerce sur l'Europe une véritable magistra- « ture, dont elle a abusé de la manière la plus cou- « pable (1). » Quand je me rappelle, en effet, que les deux bras donnés à la France pour remuer le monde sont sa langue et son esprit de prosélytisme, et qu'elle consacre son influence prosélytique à la propagande révolutionnaire, tandis que sa langue propagea l'immoralité dans les deux hémisphères, je m'explique que Dieu la ramène à sa vocation par des moyens terribles.

La corruption des esprits fut à la fois la cause et l'effet de celle des mœurs ; car la littérature est, en même temps que l'expression, le creuset de la société. En abordant cette seconde phase de la moralité, ou plutôt de l'immoralité nationale, je voudrais tenir le burin de Tacite pour peindre beaucoup de déchéances en peu de mots. Lamennais parle quelque part de certains crimes qu'il faut stigmatiser sans les nommer, semblables à ces grands coupables que l'on conduit au supplice la tête couverte d'un voile noir. Notre époque a produit bon nombre de ces monstres. Faisons-les passer sous les yeux du lecteur avec le voile noir sur la tête, mais sans leur faire grâce du carcan.

Il est dans la loi chrétienne un commandement sans lequel nous redescendrions aux mœurs putrides de Corinthe et de la Turquie ; la France actuelle l'a pres-

(1) J. de Maistre.

que abrogé dans ses habitudes, en attendant qu'elle puisse le faire disparaître même de la petite place qu'il occupe dans son code civil. La liberté de l'adultère est dans les mœurs du présent, celle du divorce est dans les aspirations de l'avenir.

Le mariage, qui commence chez nous comme une société de commerce, finit par une société de plaisirs sans but. Comme si les guerres et les épidémies ne rétablissaient pas trop bien la moyenne au chiffre des populations nombreuses, chacun la réglemente au gré de ses égoïsmes et de ses convoitises. Pendant que l'homme épuise la fécondité de la terre, il limite la sienne afin d'avoir beaucoup à dévorer et peu à donner. De cette sorte, la paternité est le couvert d'une immoralité raffinée, une sorte d'irresponsabilité dans le libertinage, et notre époque est affligée de deux monstruosités corrélatives, la seconde servant de châtiment à la première; des parents qui s'affligent de la naissance de leurs enfants, et des enfants qui se réjouissent de la mort de leurs parents. Ne montrons pas davantage cette plaie honteuse de la famille parmi nous. Aussi bien c'est le propre d'un tel vice de crier au scandale quand on le découvre, et d'aspirer à se faire légitimer par le silence. Eh! sans doute, nous lui devons l'indulgence quand il s'accuse, mais comment ne pas lui rappeler la vérité quand il se justifie?

Il est un plus grand désordre que la profanation des unions permises, c'est la réhabilitation presque systématique des unions défendues. Or, les faux ménages sont devenus, dans certaines classes de notre société, un luxe de bon goût. Tout Français d'un rang élevé, qui n'a pas donné le scandale de quelque cohabitation illicite, et qui n'a pas fait de dettes pour entretenir des femmes et des chevaux qui ne lui appartenaient pas, est un homme qui n'a pas vécu. Sans doute, si les races germaniques ont plus de frugalité, c'est parce qu'elles ont moins d'abondance ; si elles ont plus de chasteté, c'est parce qu'elles ont moins d'ardeur que nous; elles ne doivent point regarder leur tempérament comme de la vertu. Mais, de notre côté, si nous avons le sang échauffé par un soleil plus incandescent et par des vins plus généreux, ne prenons pas nos entraînements pour des immunités, au tribunal de la vertu.

Paris surtout était devenu l'exposition permanente de nos difformités morales. C'était la capitale de la débauche autant que celle de la civilisation européenne; la *Cloaca massima* du monde actuel. Ni la Rome des Césars, ni la Babylone des Assyriens ne portèrent aussi loin la domination de leurs funestes exemples. Aussi, quoique je sois révolté d'entendre le puritanisme jaloux des nations septentrionales reprocher à notre première Cité une corruption que souvent elles lui portèrent, il y a pour moi une chose plus triste que ces injures, c'est de penser qu'elles ne sont pas dénuées de raison.

O Paris des Trochu et des Ducrot, Paris dormant sur les remparts et versant courageusement ton sang à la tranchée; Paris rationné pour la nourriture et demandant joyeux de marcher à l'ennemi; cité des grandes expiations nationales, glorieuse tombe de nos martyrs, calvaire de la France régénérée par la famine, lavée dans des flots de sang, et torturée par douze cent mille bourreaux, pardonne-moi; ce n'est pas de toi que je vais parler! et puisse ton avenir être assez digne de l'immortel spectacle que tu donnes pour rendre invraisemblable la peinture que je vais faire de ton passé!

Mais ce passé, si peu moral qu'il ait été, il est moral d'en recueillir les enseignements. Or, qui ne se rappelle avec mélancolie la féerie à la fois splendide et dangereuse à voir qui fut le Paris du dernier règne? Ce Paris était la curiosité malsaine des cinq parties du monde, la terreur des mères et des épouses jalouses de la pureté de leurs foyers. Son boulevard était une foire aux scandales, ses rues un piége à toutes les faiblesses, son enceinte un vaste établissement de plaisirs sensuels, sa vie un perpétuel balancement entre le tourbillon et l'orgie. Rendez-vous galant de l'univers, on y entrait avec éblouissement, on en sortait avec dégoût. Là, les premières célébrités étaient des femmes qu'un paysan honorable eût renié pour sœurs, et dont les princes de l'Europe venaient mendier, en passant, l'impure intimité. Là, les véritables reines étaient parfois insultées comme des courtisanes, tandis que celles-ci étaient fêtées comme des reines. Là, enfin, on éleva la prostitution aux honneurs d'une institution aristocratique, patronnée par la popularité de toutes les réclames et par la faveur de tous les puissants du jour. Et, dans ce Paris, la maison de tolérance semble avoir passé même au théâtre, car l'art n'y est qu'un prétexte à la licence, les Madelaines sans repentir en peuplent les pièces, l'impudeur en occupe la scène, l'ignoble en remplit les coulisses. La même enseigne ne conviendrait-elle pas encore à ces innombrables lieux de divertissement, cafés-concert, casini, spectacles chorégraphiques, bals immondes où la France se produit en bacchante ivre et folle aux yeux malveillants de l'étranger, qui se retire en nous méprisant. Enfin, la même flétrissure ne s'attache-t-elle pas à tant de maisons douteuses, restaurants à deux fins, locations complaisantes, domiciles mélangés qui annoncent l'invasion de la débauche jusque sous les toits habités par la vertu, et qui font de Paris le caravensérail et le déversoir du sensualisme cosmopolite.

Après cela, comptez, dans cette ville, le nombre de nouveaux nés qui auraient eu à rougir de leur mère, s'il leur avait été donné de la connaître ; comptez le nombre de morts qui se suicidèrent dans l'ignominie de leur vie ; ajoutez à ce passif les crimes diplomatiques, les intrigues législatives, les gaspillages de cour, les orgueils scientifiques, les impiétés de journal, les déprédations de Bourse, les proxénétismes littéraires qu'abrita notre capitale, et dites-moi si, en voyant la France couvrir de sa noble poitrine ce foyer de tant de souillures, vous n'êtes point tenté de lui crier : Laissez passer la justice de Dieu !

Il est vrai que les dix justes ne manquaient pas à cette splendide Ninive. Nous qui avons vu de près ses prêtres d'élite, ses saintes âmes, la foule de ses temples et les prodiges de sa charité, nous savons que si Paris attira sur ses excès la foudre du ciel, ce ne fut pas faute de paratonnerre! Mais une heure arriva où le paratonnerre ne fut plus en rapport avec les orages de l'atmosphère, et le bras de Jésus-Christ devint si pesant, que Notre-Dame des Victoires elle-même ne put le retenir.

Faut-il s'étonner de ce tragique dénouement? Non, certes, si on l'examine au point de vue surnaturel. Eh! quelles représailles sont plus appropriées que les châtiments matériels aux ravages du matérialisme? Ce n'est point d'aujourd'hui que Dieu s'y prend ainsi. Voici, depuis les temps de Joel, son procédé le plus usité contre le sybaritisme des peuples. Il fond sur eux, à l'heure de l'ivresse, en leur disant : « Ré-
« veillez-vous et pleurez, vous qui savourez le vin
« de la volupté avec délices, une nation forte et
« innombrable est venue fouler votre terre. Ses
« dents sont terribles comme celles du lion; elle a
« changé vos vignobles en désert; elle a enlevé jus-
« qu'à l'écorce de vos figuiers. Votre pays est dépeu-
« plé, votre terre gémit, vos greniers sont pillés,
« votre vin est répandu, votre huile a tari, vos agri-
« culteurs sont consternés et poussent des cris, parce
« que le blé, l'orge et toutes les moissons sont perdus
« pour longtemps (1). »

Et si on juge les événements contemporains d'après la philosophie naturelle de l'histoire, est-ce que notre

(1) Joel, c. 1.

décadence n'est pas la suite logique de nos déchéances? Ces déchéances expliquent d'abord notre décadence intellectuelle. Les hommes politiques attribuent toujours aux influences politiques la médiocrité d'une génération; mais, sous ce rapport, le despotisme n'a pas amené tous les abaissements et la liberté n'a pas fait tous les miracles qu'on leur attribue. Le siècle de Louis XIV n'était pas libéral, ce qui ne l'empêcha pas d'être l'apogée de notre littérature. De son côté, le siècle d'Auguste fut le tombeau de la liberté romaine, ce qui ne l'empêcha pas d'être le berceau d'Horace et de Virgile. Mais, au temps de Louis XIV et d'Auguste, la moralité des deux peuples était encore austère; aussi les esprits participaient de la vigueur des tempéraments. La tyrannie des sens, au contraire, tarit la séve des intelligences, et elle fait descendre les forces du cerveau de l'humanité dans les organismes, sans profit pour les organismes eux-mêmes. Cette flamme intérieure, qui est un présent du ciel quand elle habite la tête d'un peuple, devient un incendie dévorant quand elle passe dans ses muscles.

Pourquoi nos grands hommes du commencement de ce siècle ne sont-il pas remplacés, et les *enfants miraculeux* de 1820 semblent-ils avoir épuisé la fécondité du sein qui les porta? Le sein de la France n'est pas stérile, mais les vices des Français le sont devenus. Voilà pourquoi il y a interruption dans la noble dynastie de nos hommes de génie. Voilà pourquoi nous cherchons, de tous côtés, des sauveurs que les flancs de la patrie n'enfantent plus. C'est que le sensualisme est meurtrier pour les grands développements de l'intelligence. Que la France se purifie, pendant quelques années de malheur, des souillures de Capoue où elle s'était oubliée, elle recouvrera son aptitude à la prière, à la poésie, à l'éloquence, à tous les exercices sublimes de l'âme humaine. Mais si elle s'obstine à rester le grand bazar de la mode et le centre européen des plaisirs défendus, alors la volupté fouillera perpétuellement dans ses entrailles pour y étouffer l'intelligence à l'état d'embryon, et y consommer ce que l'on pourrait appeler l'infanticide chronique du talent.

La volupté prépara donc nos défaites par l'amoindrissement des génies qui mènent à la victoire, mais aussi, et surtout, par l'affaiblissement des tempéraments qui la remportent. Que s'est-il passé dans l'économie physique des peuples actuels? Est-ce que les buveurs de bière d'outre-Rhin seraient plus robustes que leurs aïeux de 1806? Est-ce que les Allemands d'aujourd'hui seraient d'une race supérieure à ces flegmatiques Germains, dont nos soldats de la première République et du premier Empire avaient si aisément raison? Non, il faut le dire, nos ennemis ne sont pas devenus plus forts, mais c'est nous qui sommes plus faibles. Sans doute, les hommes politiques qui ont commencé cette guerre désastreuse sur l'absurde calcul qu'il suffisait d'un Français contre dix Prussiens ont commis un acte de stupide présomption ; mais ajoutons, pour leur excuse, qu'ils ont calculé d'après la force du Français d'autrefois. A Dieu ne plaise que je vienne insulter la valeur des Français d'aujourd'hui ! J'ai l'âme trop pleine des sublimes exemples de la patrie actuelle pour les oublier; néanmoins, si l'héroïsme de mes compatriotes est toujours le même, est-il bien sûr que leurs tempéraments, amollis par un demi-siècle de sensualisme, ne les aient pas trahis, plus encore que les chefs auxquels ils s'en prennent?

Eh! pourquoi sommes-nous devenus rachitiques, et les fils des Francs peuvent-ils à peine soulever la lourde armure de leurs aïeux? Parce que l'atmosphère morale de la France est moins assainie que son atmosphère physique; et qu'il est, au fond du tempérament national, un mal latent, funeste à la prospérité de sa santé. Oui, nous avons beau trouver de poétiques explications à nos amoindrissements corporels, ce ne sont nullement les lames qui usent les fourreaux; c'est l'éducation confortable, c'est le bien être général, c'est la mollesse des habitudes, c'est toute la vie de la France moderne, en un mot, qui tend à faire dégénérer notre type organique. Or, ce n'est qu'autant que la famille élèvera des hommes, que la patrie aura des soldats.

Je sais bien que, jusqu'à présent, nous avons vaincu par l'ascendant de l'intelligence et de l'âme plutôt peut-être qu'avec notre énergie musculaire; mais, aujourd'hui que les batailles ne sont plus qu'une affaire de nombre, il faut la force contre la force, sous peine d'être écrasé avant d'avoir combattu, et la force, cependant, caractérise de moins en moins les générations françaises, parce qu'elles sont énervées par le plaisir. N'est-ce point la raison pour laquelle la victoire nous abandonne? Je pose la question sans la résoudre. Toutefois il est une question aussi facile à résoudre qu'à poser, la voici : Si Trochu n'avait pas chassé, sous l'honnête qualification de bouches inutiles, les êtres dégradés qui infectaient la salubrité morale de la capitale, celle-ci fut-elle jamais devenue un foyer d'héroïsme digne de l'antique? Evidemment non. Et si Bazaine avait purifié l'armée de Metz des souillures qu'elle traînait à sa suite, et qui faisaient, dit-on, de ce camp une succursale des corruptions parisiennes, Bazaine n'aurait-il pas encore élevé le courage des vainqueurs de Gravelotte et ménagé utilement leurs forces comme leurs provisions? Il est permis de le penser, sans rien penser de défavorable pour l'honneur de l'armée.

Du reste, soit dit pour la consolation de mon pays, il importera peu que la vigueur physique soit en baisse parmi nous, si les âmes sont bientôt en hausse. Après tout, quand il serait vrai que les races teutoniques sont en possession définitive de la force brutale, et que nous devons nous contenter du prestige attaché à la suprématie intellectuelle, notre partage serait le meilleur. Cette distribution semble même dans la logique du dessein providentiel par rapport à l'Europe ; car la lumière et la civilisation sont toujours venues du Midi, tandis que les fléaux de Dieu sont sortis des brumes du Nord. A chacun sa gloire. Je ne voudrais pas échanger la nôtre contre celle d'exécuter les honnêtes coups de main conçus par M. de Bismark.

DEUXIÈME PARTIE

NOS ÉGAREMENTS NATIONAUX

L'ordre social avait aussi à payer son tribut à l'expiation nationale. Depuis longtemps il portait le faux dans son sein, il devait enfanter le mal. Le faux n'est que le mal à l'état de théorie, le mal n'est que le faux réduit en pratique. La grande déconvenue de nos derniers cinquante ans fut l'acclamation éphémère que les gouvernements et les oppositions surent créer, tour à tour, en faveur des contre-vérités les plus dangereuses. Chacune a eu sa majorité d'une législature et sa popularité d'un jour. Le malheur de la France fut d'être abandonnée, sans boussole, à ces empirismes divers, si bien que pour elle il n'y eut plus de vérités essentielles, mais seulement des courants d'idées, plus de doctrine sociale, mais seulement des expédients de parti.

Si je scrute la situation à la clarté de ces principes immuables qui emportent les gouvernements quand ils ne les dirigent pas, je découvre, autour de notre ordre social, cinq brèches par où la ruine devait, tôt ou tard, entrer dans la place. Parmi ces péchés nationaux, le premier est un scepticisme sans pudeur en matière de conduite politique, équivalant à la négation absolue de cet ordre de vérités. Le second est l'inauguration d'un athéisme sans exemple dans la loi et dans les mœurs, tendant à éliminer Dieu de toute la vie publique de la France. Le troisième, fut un attentat sacrilége contre la papauté dont la France portera la responsabilité, sans en avoir bénéficié, parce qu'il fut commis avec notre assentiment, quand ce ne fut pas avec notre concours. Le quatrième est un déchaînement, osons dire le mot, un devergondage d'esprit révolutionnaire qui, combiné avec la mobilité de notre caractère fait des Français le peuple le plus ingouvernable, et de la France le cratère toujours fumant de l'Europe. Le cinquième, fut une idolâtrie aveugle pour la gloire militaire qui nous fit trop négliger les vertus civiles, parfois même sacrifier les autres peuples à nos vanités guerrières, et qui devait amener cette réaction, dans laquelle la force des armes est deshonorée pour qu'elle ne puisse plus nous fasciner.

Ces cinq prévarications, le septicisme politique, l'athéisme législatif, le sacrilége diplomatique, la révolution en permanence, l'infatuation de la victoire nous firent commettre beaucoup de fautes qui appelaient des représailles.

Le plus triste de notre déchéance c'est que nous n'en avions pas conscience. Nous étions comme les malades à qui la gravité du mal en ôte la connaissance. Tandis qu'aucun peuple n'exerçait d'influences plus dangereuses, aucun n'était plus disposé à s'adjuger la palme de tous les avantages. Du reste, l'admiration officielle pour nos œuvres, était devenue naguère la forme la plus adroite de la flatterie. On faisait sa cour en se faisant le courtisan de la grandeur nationale. L'éloge s'adressait au pays, mais il aboutissait par ricochet à ses maîtres; quelquefois il nous revenait à nous-mêmes, grand nombre, parmi nous, ayant moins l'amour de la France que l'amour-propre d'être Français. Cependant, nous avions de l'or, de l'esprit et de la gloire à jeter sur nos plaies, et nous ne convenions point de celles-ci parce qu'elles étaient cachées. Mais, un jour, nos plaies ont débordé par delà leurs brillantes bandelettes, et il s'agit de mettre le mal à nu pour le mieux guérir.

---

§ 1

Le scepticisme politique

Ne prenons point la question au point de vue exclusif d'une école politique ; mais, comme il convient à l'apologiste, selon les règles de la morale universelle. Ce que nous allons énoncer n'est donc pas la dogmatique particulière d'un groupe d'esprits, c'est la loi naturelle appliquée à la casuistique sociale. En dehors d'un tel *criterium,* il n'y a place que pour le parti de la déraison et du déshonneur.

Tout scepticisme nie la vérité ou, tout au moins, les moyens de la connaître. Il est, par voie de conséquence, une abdication de l'esprit, une prostration de la volonté, et un effacement des caractères.

Le premier scepticisme qui affecte chez nous l'ordre politique se rapporte à la forme de gouvernement. Dans aucun pays les opinions de cette nature ne sont aussi multipliées qu'en France. Chaque révolution suscita un prétendant, et chaque prétendant un camp nouveau. Cette variété produisit la division des sympathies à l'infini, et une foule d'esprits désemparés qui, flottant sans principes entre des faits contradictoires, finirent par se désintéresser complètement des principes, pour s'attacher au fait qui les accommoda le mieux. Cette transaction perpétuelle de la conscience politique avec les accidents révolutionnaires la faussa d'abord, et la tua ensuite.

En Angleterre, en Prusse, en Russie, en Autriche, en Turquie la question se débat entre la démocratie et la monarchie. En France, elle est posée entre la démocratie et trois dynasties différentes. De là, un éparpillement de suffrages qui rend tous les régimes possibles et tous les régimes éphémères : de là, aussi, une absence de *credo* politique qui met les âmes à la merci de tous les embauchages et de toutes les aventures. Cet état est l'antipode de la dignité et de la moralité sociales.

Contraste frappant ! Cinq ou six nations germaniques viennent de fondre sur nous, pas un de leurs douze cent mille combattants ne met en doute la légitimité de son roi actuel, ni le droit et le nom de son roi futur. Les soldats français, au contraire, auraient encore plus de peine à déterminer, en dehors de l'obéissance passive, leur légitime gouvernement qu'à chasser l'étranger. Un commandant de corps actuel fut nommé officier par les d'Orléans, colonel par Napoléon III, général par la République. A qui son cœur appartiendra-t-il ? Un chef d'administration prêta tous les serments que les divers pouvoirs lui demandèrent. Quel sera pour lui le plus sacré ? La réponse n'est pas facile. Cette confusion constitue dans nos rangs une faiblesse et une infériorité devant l'unité compacte de l'ennemi. Peut-être devions-nous en porter le châtiment pour en être convaincus.

Honneur aux hommes qui professent en politique la religion vraie, c'est-à-dire la plus conforme aux intérêts du pays, mais respect au moins à ceux qui en professent une ! Le pire de tout c'est de n'avoir plus d'opinion parce qu'il y a beaucoup de partis. Et, cependant, combien même parmi ceux qui passent pour avoir des opinions peuvent compter au nombre des sceptiques parce qu'ils n'en ont que pour la forme? Combien en qui la fidélité elle-même est moins l'effet de la foi dans une cause que de l'attachement à une attitude, une affaire de tenue plutôt qu'une affaire de conscience, une déférence pour les princes, plutôt qu'une ferme adhésion à des principes !

Eh bien, il faut que cette mutilation du suffrage populaire, mortelle au prestige du pouvoir, cesse sous peine de dissolution de la société. L'autorité est aujourd'hui tenue en échec, même quand elle est certaine, que doit-ce être quand elle est douteuse? Cependant, pour avoir trop de rois, voilà que nous n'en avons pas un, pour avoir trop de républiques nous ne savons laquelle choisir. Décidons-nous donc, si nous ne voulons pas qu'un Cosaque ou un Teuton viennent, de temps à autre et à nos frais, trancher la question pour nous.

Oui, il faut opter entre un système monarchique ou un système démocratique déterminés, sinon à la première victoire remportée contre nous, tout agresseur fera, simultanément, tomber nos gouvernements et capituler nos soldats, et trouvera, dans nos divisions, des complicités qui lui vaudront des armées à l'intérieur.

Ainsi la France est punie par le malheur de n'avoir plus de pouvoir, du crime de n'en avoir honoré aucun.

Le moyen d'en finir avec le scepticisme, c'est d'en finir avec l'instabilité politique qui l'engendra. Donc, que la souveraineté nationale se mette d'accord avec elle-même, c'est-à-dire qu'elle cesse d'avoir pour expression des rois, des armées, des législateurs de couleur différente; qu'elle s'incarne d'une manière permanente, ou dans une seule monarchie héréditaire ou dans la démocratie régulière; enfin que chacun soit mis en demeure, comme les Athéniens du temps de Solon, de dire à quel camp il appartient, afin que personne ne puisse bénéficier des égoïsmes de la neutralité. Quand nous aurons banni ce *cynisme des apostasies* qui prétend ne pas abandonner les gouvernements, mais être abandonné par eux, alors nous serons un peuple fort, parce que nous serons unis, et un peuple respecté parce que nous nous respecterons.

Revenons à un rapprochement instructif; dans tous les pays de l'Europe où l'ordre de succession à la couronne ne fut pas tronblé, cette vérité demeure à la base de l'ordre social, comme une pierre angulaire qui assure la solidité du reste. Deux nations seules ont substitué le fait au droit traditionnel dans le choix de leurs princes, et leur acte de scepticisme, au sujet d'une loi fondamentale, a produit d'innombrables scepticismes. Vainement des hommes de génie et de haute vertu ont étayé de leurs concours cette dérogation à la règle, leur négation plus forte que l'honnêteté de ses adhérents, a fait pulluler les négations : et la

France et l'Espagne, travaillées par ce levain, ont donné l'exemple d'une anarchie irrémédiable, ainsi que du fractionnement politique poussé jusqu'à la pulvérisation de l'opinion. Au reste, par une coïncidence frappante, l'Espagne a été le prétexte sinon la cause de nos abaissements actuels; en telle façon, que les deux peuples coupables d'apostasie à l'endroit de leur pacte d'hérédité, ont été condamnés à devenir, pour ce fait, la fable de l'univers et leur scandale réciproque.

Ici, je ne cherche pas à relever un drapeau, mais la foi politique de la France. J'admets tous les systèmes de gouvernement qui admettent la Religion ; mais je repousse tous les scepticismes. Je me révolte surtout à la pensée que, dans l'abîme où nous avons roulé, nous pourrions nous sauver par un acte décisif de notre volonté et que nous en sommes incapables, parce que le mépris des principes a multiplié parmi nous les hommes qui, politiquement, ne savent pas vouloir ou qui ne savent pas ce qu'ils veulent.

Singulier pays, à qui les nations étrangères demandent : Où est ton Dieu ? et qui, en vertu de son athéisme législatif, doit répondre : Je ne le sais pas ; à qui on demande : Où est ton roi ? et que son scepticisme oblige de répondre : Je ne le sais pas ; à qui on demande : Où es-tu toi-même? et qui bientôt répondra : Je ne le sais pas davantage ; car voilà que les patries sont menacées d'être absorbées dans la République universelle ! Heureusement, Dieu oppose une barrière infranchissable à ces perversités de la raison démagogique, ce sont les protestations de la nature humaine indignée. Il y a un correctif infaillible par les débauches de la liberté, c'est le gâchis qu'elles font naître et où elles meurent !

Le scepticisme, en matière de questions dynastiques, ne fut pas le seul opprobre de notre état social. Presque toute la politique de la France, depuis vingt ans, fut une négation plus ou moins explicite de droits et de principes sacrés; partant une propagande de scepticisme. La démoralisation jetée en Europe par ce bouleversement dans les relations internationales a suscité une catégorie de ministres sans scrupule, une série de brigandages diplomatiques sans pudeur, enfin des causes d'anarchie et d'extermination sans frein, qui seront à jamais notre malheur et notre honte. Notre malheur, car nous sommes les principales victimes de cette révolution immorale; notre honte, parce que nous en avons été les instigateurs.

Je n'ai pas la moindre admiration pour le courage qui consiste à piétiner les vaincus. Les deux ou trois révolutions que j'ai vues m'ont dégoûté de cette austérité de commande en vertu de laquelle les triomphateurs du jour insultent à ceux de la veille, et les pleutres et les ambitieux se ménagent l'avenir par beaucoup de lâchetés commises au détriment du passé. N'ayant été ni le courtisan ni le favori du régime déchu, je suis en bonne position pour lui dire la vérité. Je m'en acquitterai avec la conscience d'un prêtre qui écrit sous la dictée de la justice même de Dieu.

A ce tribunal, le second Empire porte assez de charges pour expliquer le caractère de châtiment infligé à sa chute. Jamais, peut-être, on n'avait vu tant de pouvoir et d'espérances s'écrouler dans si peu de temps ! Naturellement parlant, il n'y a pas de proportion entre la défaite d'un prince et les événements que nous avons vus. Il n'est même pas rare que des malheurs communs unissent un peuple et la dynastie qui le gouverne. Mais Napoléon III, vaincu à Reischoffen, a été aussitôt moralement détrôné. La nation était avec lui la veille, il est seul le lendemain ; ou plutôt il n'est pas seul, il marche suivi d'un cortége de malédictions et de défiances qui accuseraient le cœur du peuple français, si celui-ci n'était, en cette occasion, le justicier de Dieu.

D'où vient donc la disproportion entre la cause apparente et la profondeur d'une telle ruine ? C'est que toute la culpabilité de Napoléon III n'était pas dans ses imprévoyances de la dernière campagne : il avait un arriéré considérable à solder entre les mains de cette Providence qui ajourne, sans les relaxer, les princes coupables. Voici un aperçu de cette dette :

Napoléon III avait un esprit cultivé, mais ondoyant et chimérique ; des vues quelquefois grandes, mais dominées par le mirage de la nouveauté plutôt que par le sentiment de l'honnête et de l'utile ; un caractère doux, mais dans lequel la nuance grecque et italienne propre à la double origine des Bonaparte, venait déparer la haute tenue du souverain français ; un tempérament calme, mais énervé et cachant la faiblesse sous la force apparente de l'impassibilité ; enfin, des éclairs de foi, mais un fond d'éducation rationaliste et de personnalité absorbante qui l'empêcha de jamais sacrifier le plus petit intérêt à un principe. La résultante de ces qualités et de ces défauts constituait une des organisations les plus sceptiques de ce temps.

Ajoutez à de pareilles tendances la tentation de scepticisme inhérente à l'exercice du pouvoir, les désenchantements d'une âme en qui le mépris pour les hommes redouble le mépris pour les opinions, l'insensibilité dépravante contractée au contact des oppositions irréconciliables et des approbations à outrance; surtout le malheur, pour un prince, de trouver toujours dans l'urne plébiscitaire assez de suffrages pour le tromper, et dans les trésors de sa rhétorique assez de ressources pour tromper les autres et pour se tromper soi-même; vous comprendrez ce mélange d'irrésolution et d'obstination, de dogmatisme et d'esprit d'aventure, de pose stoïcienne et de machiavélisme qui fut notre dernier Empereur.

Des principes eussent corrigé les imperfections de sa nature et fait de lui un grand souverain. Le défaut d'orientation doctrinale a exagéré ses lacunes et fait de lui cet être problématique composé de sphinx et de caméléon, qui causa mille fois plus de mal qu'il n'en voulut faire, et qui, dans ses aberrations, fut peut-être sa propre dupe sans parvenir à duper personne.

Le malheur fut qu'un pareil scepticisme fît école ; et les disciples trop dociles de son enseignement ont été les diplomates européens et la nation française.

Les diplomates, séduits par les profits de cette politique sans préjugés, se mirent à étudier les tours de l'Empire français, en attendant l'heure de les exploiter contre lui. Prim, Cavour, Bismark et d'autres naquirent des tolérances ou des complicités napoléoniennes pour tous les novateurs politiques, ayant plus d'initiative que de conscience. Bientôt les élèves de ce machiavelisme le dépassèrent, et nos instruments devinrent nos rivaux. Alors les cabinets diplomatiques ne furent plus qu'un repaire de malfaiteurs guêtant chacun sa proie, embusqués dans un mensonge de protocole; les royaumes devinrent un enjeu, que trois ou quatre Crispins de chancellerie se disputèrent en faisant des mots, et l'Europe se changea en une immense forêt de Bondy, où les peuples furent assassinés au profit d'une génération de rois qui substituaient à l'antique honneur cette devise moderne : La force prime le droit.

La France elle-même fut débauchée par le spectacle de ces scepticismes, et leur prêta son appui dans la presse, dans les parlements, dans les votes populaires. Qu'elle le confesse aujourd'hui sous les coups de la justice divine, mais qu'elle n'ajoute pas à ses fautes celle de n'en pas convenir. On l'a dit avec raison, un peuple est toujours responsable du pouvoir qu'il seconde. Du reste, il y aurait pour nous une humiliation pire que celle de nous être trompés, ce serait celle d'avoir forfait en pleine connaissance de cause. Préférons la première à la seconde.

Durant cette période, on se comporte comme s'il suffisait de la puissance législative pour refaire les principes, et d'un *placet* impérial pour réformer la morale éternelle, ainsi que les vieilles constitutions. A-t-on un caprice à soutenir? c'est du droit nouveau : un ordre de choses respectables à renverser? c'est du droit ancien. Veut-on se mêler des affaires d'un peuple? on intervient en Italie contre l'Autriche, en Orient contre la Russie, au Mexique contre le Mexique lui-même : Veut-on décliner l'obligation d'assister des opprimés? on laisse écraser le Pape et les princes italiens par le Piémont, le Danemark et l'Autriche par la Prusse, et l'on proclame la doctrine de non-intervention. A-t-on besoin d'un appui pour s'étendre? on crée, à cette fin, les deux unités italienne et allemande : Ces unités se changent-elles en obstacle? on travaille à démolir discrètement ce que l'on édifia. S'agit-il des traités de 1815, ce sont des stipulations sans valeur : S'agit-il de la confiscation des Etats pontificaux? ce sont des faits irrésistibles devant lesquels on s'incline. Faut-il retremper sa popularité compromise? on fait alliance avec la révolution contre les cléricaux : Faut-il faire certifier le catholicisme de l'empire devant les électeurs? on se présente sous la protection du Pape et du clergé.

Eh! qui ne se souvient, avec douleur, de cette religion de cour, si dévouée au Saint-Père à la naissance du prince impérial, et si peu romaine après les menaces des bombes Orsini? qui n'a vu avec peu d'estime les deux extrémités de cette balançoire politique autorisant un jour l'érection de la statue de Voltaire, appelant un autre des évêques au Sénat; professant, la veille, la liberté du Concile, et, le lendemain, punissant Rome d'avoir usé de sa liberté?

On peut dire de ce règne ce que le grand Frédéric disait de Voltaire : « Il n'est bon qu'à lire. » Aucun souverain de ce temps, en effet, n'a parlé et écrit comme Napoléon III; mais si ses discours ont été très-affirmatifs, ses actes n'ont presque rien affirmé que le désir de sa propre conservation, et cette vague religion de 89, que chaque gouvernement commente à sa guise, c'est-à-dire de laquelle il retranche et il déduit tout ce qu'il veut.

Ceci soit dit avec tout le respect que nous devons à de grandes infortunes et à nous-même. Nous nous sommes prescrit, vis-à-vis des puissants de la terre, deux obligations sacrées : celle de ne leur point faire d'opposition systématique et celle de n'être jamais surpris dans leurs antichambres; mais cette attitude gardée par nous avec fidélité, loin de nous fermer la bouche, consacre notre droit de dire la vérité. Eh bien! la vérité est que les scepticismes du pouvoir ont développé ceux de la France, et que la France actuelle, de son côté, ne doute pas seulement de Dieu, mais de toutes les vérités sociales capables de la sauver. Cet état suspensif des esprits est une corruption. Or, comme toute corruption infecte l'atmosphère et appelle un nettoyage, il ne faut pas s'étonner que l'Allemagne ait reçu du ciel ses libres entrées chez nous. Me répondra-t-on que, d'après la même loi, les scepticismes de M. de Bismark préparent une besogne plus considérable encore à l'avenir? Je le crois fermement. Quel sera l'Hercule destiné à balayer les écuries de la maison de Brandebourg? Je l'ignore, mais je le salue par avance et je le remercie?

---

§ 2

L'Athéisme législatif

L'athéisme législatif est la manifestation d'un scepticisme encore plus radical. N'aurons-nous pas l'air d'un revenant de deux siècles, en présentant cette sorte d'athéisme comme une explication des représailles divines exercées contre nous? Nullement; il ne s'agit pas de faire reculer la civilisation, mais de prouver que la monstruosité d'une société sans Dieu n'existe pas, ne peut et ne doit pas exister, et que si elle est le rêve logique de ceux qui n'ont pas de Dieu, elle est le crime et l'absurdité de ceux qui en ont un. La société, en effet, c'est l'homme multiplié par un certain nombre d'unités; par conséquent, telles sont les qualités des individus, telles celles de la masse; vouloir, avec des parties qui adorent, composer un tout qui n'adore pas, c'est la métaphysique de l'impossible, c'est la transcendance de l'inconséquence.

Nous ne venons certes pas importuner la France malade par de gothiques revendications. Quoique nous marchions avec tous les siècles, non avec un seul, suivant l'expression de M. de Bonald, nous ne tournons pas le dos au nôtre, et ne voulons pas nous en excommunier. Donc, si quelqu'un prend ce que nous allons dire pour de la théocratie, il est trompé ou trompeur;

et si quelqu'un nous accuse d'être de ceux qui demandent la liberté religieuse pour l'ôter aux autres, celui-là est calomniateur, ou lecteur inintelligent.

Sans doute, le libéralisme est une théorie vicieuse en thèse absolue, c'est-à-dire, quand on le présente comme l'idéal universel de la perfection sociale; mais il est une attitude vraie, quand on le pratique comme une nécessité politique des temps et des milieux. Or, cette nécessité nous la reconnaissons chez nous, non point parce que nous ne sommes pas les maîtres de décréter le contraire, mais parce que décréter le contraire, *en l'état actuel,* nous paraîtrait un plus grand inconvénient. Moyennant cet hommage purement doctrinal rendu aux principes, l'Eglise se montre d'une grande tolérance pour les applications qui s'en éloignent, pourvu qu'on les traite comme un fait inévitable, au lieu de les ériger en dogme social.

Mais, sous le bénéfice de ces réserves, je relève la tête en face de toutes les hypocrisies soi-disant libérales qui, depuis cent ans, nous jouent l'ignoble comédie flétrie par Montesquieu : « La liberté est un avantage si précieux que chacun veut avoir même celle d'autrui. » Je demande place, dans la France contemporaine, pour le drapeau d'O'Connell, de Berryer, de Montalembert et de Lacordaire. C'est bien le minimum du droit et de la prudence que nous soyions armés pour la liberté du bien, quand on nous impose celle du mal. La vraie liberté fut justement comparée à la lance d'Achille; qu'on ne la fausse pas en lui ôtant la vertu de guérir les blessures qu'elle fait.

Cela dit, en faveur de ceux qui nous imputent l'absurde pour avoir le droit de nous refuser la justice, revenons à l'athéisme social.

Toute société est une personne morale, un être collectif, et, à ce titre, relevant du domaine divin comme les individus ; donc, la société composée d'une majorité d'êtres qui croient, ne peut former un ensemble qui ne croit pas, parce que l'effet participe nécessairement de la nature de la cause. Et, cependant, voilà le blasphème inconséquent que nous travaillons à constituer. Nous voulons que, non-seulement en fait, mais encore en droit, la nation reste en dehors de toute révélation positive, que l'acte de foi lui soit interdit, et que l'irréligion devienne, constitutionnellement, son état chronique et normal.

Création uniquement française, qui se heurte aux démentis de l'expérience universelle. Dans presque tous les pays non catholiques les deux sociétés civile et religieuse se sont confondues à tort ; mais jamais la première n'a repoussé la seconde avec ce dédain athée. L'État a eu souvent la prétention de régenter Dieu ; mais jamais il ne lui a dit cette parole de maudit : « Retire-toi de moi, je ne veux pas de ta conduite (1). » Création, d'ailleurs, profondément erronée, car il n'est pas vrai, en doctrine, que l'État ne doive rien à la religion qu'une simple tolérance : l'État libéral accorde sa tolérance même à certains désordres qui l'ébranlent,

(1) Job, XXI, 14.

n'est-ce point une iniquité qu'il n'accorde pas davantage à la religion qui le consolide? Il n'est pas vrai, en fait, que le dogme de la séparation de l'Église et de l'État, soit synonyme de liberté religieuse; quand l'Église n'a aucun droit, l'État ayant la force, toutes les questions mixtes sont tranchées par l'État au détriment de l'Église, et celle-ci tombe dans la servitude, en recevant des promesses d'émancipation.

Enfin, logiquement, il n'est pas vrai, pour le rationaliste croyant en Dieu, que le règne social de Dieu doive être aboli, il n'est pas vrai, pour le chrétien soumis à l'Évangile, que la royauté sociale de J. C. doive être détrônée. Voilà la vérité absolue. L'Église ayant reçu mission de la proclamer, nous la proclamons en son nom, malgré les faits contraires; n'ayant, d'ailleurs, d'autre intention contre ces faits que de les empêcher de s'ériger en droit absolu. Je conviens que la règlementation de cette vérité peut n'être pas aisée; mais respectons d'abord les principes, les solutions pratiques sont loin d'être introuvables.

Maintenant je le demande aux hommes de foi, n'est-ce pas parce que nous avons abandonné Dieu socialement que nous sommes socialement abandonnés de Lui? N'est-ce point parce que le peuple français est ainsi rénégat de Dieu, qu'il ne sert de rien aux généreux martyrs de nos champs de bataille de le confesser. N'est-ce point, en un mot, parce que la France est un temple vide de Dieu, que le sang versé sur ce sol profané semble n'avoir plus de vertu.

Il est certain que *Dieu avait juré de nous faire son peuple* (1), et nous avons décliné cet honneur ; comment serait-il pour nous quand nous sommes contre lui ? Encore s'il y avait dans les esprits, à cet égard, un signe de résipiscence et de conversion nationale, mais non, les directeurs de la pensée publique proclament l'impeccabilité constitutionnelle de la France, et ils sourient agréablement de la Prusse qui mêle Dieu à son histoire. En vain des événements foudroyants répondent à leur orgueil : « *Si nous disons que nous n'avons pas de péché, nous faisons Dieu lui-même menteur, et sa parole n'est point en nous* (2). » Ils tiennent tête à la Providence courroucée, et la Providence, quoique mère, comme toutes les mères, ne cessera de frapper que lorsqu'elle cessera d'être insultée.

Le divorce entre la France et Jésus-Christ s'est accompli graduellement. Il commença, au concordat, par la reconnaissance légale de plusieurs religions. Sans doute, ce fut doctrinalement parlant regrettable ; toutefois, il y avait de puissants motifs d'en agir ainsi. Mes saintes jalousies pour la vérité du catholicisme, ne m'empêcheront pas d'en convenir. D'ailleurs, si en admettant plusieurs cultes aux faveurs de sa protection, la loi traitait les religions avec indifférence, elle honorait du moins la religion en général ; si J. C. était évincé,

(1) I Rois, 12-22.

(2) I Macchab., III, 23.

Dieu était maintenu. Ce n'était encore que le déisme social.

Mais il restait un degré à descendre sur cette pente, et notre pays se prépare à le franchir, je veux parler de la séparation de l'Église et de l'État. Qui pourrait dire les mirages et les erreurs de ce programme à la mode ! le premier degré du divorce avec Dieu impliquait encore la nécessité de la religion, le second la répudie. Le premier faisait grâce à Dieu, le second le supprime par voie de conséquence ; si l'un fut le déisme, l'autre est l'athéisme social.

Quand une société a prononcé cet acte de scission entre elle et les sources de la vie, elle est un blasphème vivant qui dresse sa tête contre Dieu. A une heure donnée, Dieu se lève contre elle le glaive à la main, et, alors, se réalisent des exécutions terribles comme celles dont nous sommes témoins Sans compter que le blasphème de cette séparation devient deux fois odieux, en abritant ses impiétés et ses effets malfaisants sous les enseignes sacrées de la liberté ; car il n'est qu'une oppression déguisée des consciences, puisqu'il est toujours le système social d'une minorité qui n'a point de Dieu imposé à la majorité qui en a un.

Pour faire passer cette énormité, des utopistes ou de mielleux persécuteurs s'élèvent qui s'écrient : *Suppression du budget des cultes !* C'est-à-dire que, de par la libre pensée, le clergé sera à la charge exclusive des populations religieuses, tandis que celles-ci et le clergé devront payer, tantôt des écoles d'athéisme, tantôt des théâtres obscènes pour le service des libres penseurs.

C'est-à-dire que le curé, au lieu de faire l'aumône devra la recevoir ; que le juge des consciences dépendra de ses accusés ; et que les consolations religieuses seront si onéreuses au pauvre peuple qu'il ne les mettra plus dans son budget. C'est-à-dire que le rang social du prêtre baissera et son influence aussi ; que Chrysostôme sera congédié de la paroisse si Eudoxie n'est pas contente de sa parole; que Jean-Baptiste sera mis à la raison, s'il trouble le repos d'Hérodiade, et que bientôt on n'entendra plus d'autre prône au village que la lecture du bulletin des lois.

Les mystifiés et les mystificateurs du nouveau système continuent la promulgation de leur décalogue : *l'Église libre dans l'État libre*. L'Église libre? Oui, mais entendons-nous bien ; à la condition que les temples seront abandonnés aux municipalités quand elles les réclameront, que les cloches ne sonneront qu'avec l'agrément de M. le Maire, que tout prêtre se gardera de se faire religieux, que tout religieux devra prendre mesure de son vêtement chez des tailleurs approuvés par la République, que toute association sera permise excepté celle de la prière et du travail en commun ; enfin que des coreligionnaires ne sortiront jamais deux à deux en procession dans les rues, comme font impunément les Compagnons du devoir : à ces conditions et bien d'autres déterminées par la police, l'Église aura toute la liberté que l'athéisme de l'État voudra bien tolérer.

Enfin, les adeptes de l'État sans religion s'efforcent de sacrer l'instituteur, pontife de la commune, et décrètent l'instruction primaire obligatoire. Certes je n'y fais point d'opposition. Ce que je redoute ce n'est point la science de nos adversaires, c'est celle qu'ils n'ont pas, ou celle qu'ils croient avoir. La religion, de son côté, n'a besoin de l'ignorance de personne. Pourquoi voterait-elle contre la diffusion de la lumière puisque elle vient de Dieu qui est le soleil? Mais est-il possible de ne pas voir une propagande d'athéisme dans ce système qui déclare la leçon de l'instituteur nécessaire, celle du ministre de Dieu inutile, qui exagère l'importance de l'un, qui diminue celle de l'autre, qui enrichit le premier, qui appauvrit le second, et qui, en s'efforçant de vider les églises dans les écoles, ne semble vouloir beaucoup apprendre à la France que pour lui faire oublier Dieu.

Là ne se termine point la dogmatique de cette séparation impie : après avoir attaqué Dieu lui-même, elle l'anéantit dans ses images sociales, c'est-à-dire dans les hommes et dans les choses qui sont ici-bas son expression. Partout où les traits du divin lui apparaissent, elle les efface avec ombrage, semblable à ces pouvoirs récents qui grattent les armoiries d'un règne précédent, pour mieux en abolir les titres et la mémoire.

Pendant cette ère désolée, plus rien de divin ne sera honoré socialement dans l'Église; à elle de vivre à côté de l'État ou dans l'État comme elle pourra; la forme suprême du respect à son égard sera la tolérance, si elle ne bouge point, et le rappel à l'ordre si elle demande quelque chose.

Plus rien de divin dans le prêtre; l'intermédiaire entre le ciel et la terre est supprimé, des commis de philanthropie le remplaceront.

Plus rien de divin dans le culte; tandis que les États du monde entier exemptent du recrutement les ministres des religions pour montrer que toutes sont honorées chez eux, chez nous on n'exemptera les ministres d'aucune, pour qu'il soit affirmé qu'aucune n'est admise.

Plus rien de divin dans l'autorité; le seul sacre du pouvoir, c'est l'acclamation de l'émeute, son seul pavois c'est la barricade, son seul appui c'est la force; et pour qu'il conste bien de son éphémère durée, l'Hôtel-de-Ville est la seule maison de France où il sera toujours permis d'entrer avec effraction.

Plus rien de divin dans l'homme; il n'est qu'un exemplaire perfectionné de la brute, à quoi bon le traiter comme un habitant du ciel en voyage ici-bas? Donc, plus de bénédictions sur son berceau, ni sur son mariage, ni sur sa tombe. Et puis, bipède conséquent avec lui-même, qu'il secoue le joug de la conscience, qu'il gagne les batailles de Bismark, qu'il décrète les massacres de septembre, qu'il soit Robespierre ou Napoléon Ier, et qu'après cela il s'endorme tranquille, il n'y a pas plus de comptes à rendre à Dieu qu'au budget du temps présent :

Enfin, plus rien de divin dans les pratiques sociales de la France. Il y a une loi du repos dominical qui est protégée avec un pieux respect par presque toutes les constitutions du monde. Dieu et l'âme étant admis, la sagesse des siècles a cru qu'il fallait faire la part des deux, et le corps lui-même a bénéficié de cette halte qui le restaure en le redressant de la terre vers le ciel. Eh bien, tandis que la Suisse, l'Amérique, toutes les démocraties connues ont leur jour d'adoration sociale, la démocratie française ne sera jamais vue à genoux. Son seul temple sera le cabaret du lundi, sa seule prédication sera celle du club, et, bientôt, se réalisera la sinistre motion de Mirabeau : « Pour révolutionner l'Europe, il faut la déchristianiser. » Je me trompe, ce vœu ne se réalisera pas. Il y a une puissance supérieure à la révolution, c'est la nature humaine. Or, le premier comme le dernier mot de la nature humaine sur cette question, on l'a écrit, je le repète dans toute sa crudité : « Le privilége de ne rien croire n'appartient qu'aux bêtes. »

Ici, on nous dira : pourquoi redouter cet état de persécution législative? Il vous profitera tout comme la persécution violente. Eut-on raison en fait, nous serions toujours fondés à nous récrier en droit. Nous ne plaidons pas pour des intérêts, mais pour un principe. Que la France affirme socialement Dieu, encore mieux le Dieu de la majorité de ses enfants, nous lui ferons grâce des avantages qui peuvent nous en revenir. Et, au contraire, que nous importérait une gloire à laquelle Dieu ne serait pas associé ! Nous préférons les catacombes avec lui à la popularité sans lui.

C'est le tort des politiques de substituer toujours, en ceci, les considérations du succès pratique à la vraie doctrine sociale, et de proposer à Dieu des marchés quand il allègue des principes. Si Dieu avait voulu jadis retrancher le mot *consubstantiel* de son symbole, il eût épargné un orage terrible à son Église, il aima mieux perdre presque tout l'Orient. Si Jésus-Christ éliminait le sixième commandement de son décalogue, il attirerait à lui une grande partie de l'Islamisme, il préfère passer des siècles aux portes de Constantinople avant d'y faire sa rentrée. Telle est la virginale intégrité de notre dogme. Pour son auteur, la victoire n'est rien, la vérité est tout, et l'essentiel n'est pas de faire la conquête du monde, c'est de la mériter.

Que l'on cesse de nous vanter les avantages de la séparation en question, soit en Irlande, soit en Amérique. Parce que l'Église fleurit, quelquefois, dans les pires conditions qui lui sont imposées, ce n'est pas une raison pour ne pas lui en souhaiter de meilleures. L'Église pourrait tirer profit même du sang de ses enfants versé pour elle, il ne faut point, pour cela, désirer que la Franee en soit jamais souillée. En vérité, proposer à l'Église de choisir pour son état normal ce qui est son état de persécution, c'est estimer beaucoup ses propres idées et très-peu les droits inaliéables de l'Église.

Quand elle était prospère dans le cimetière souterrain de Saint-Calixte, lui eût-on conseillé de ne jamais prendre possession de la basilique Vaticane? Et pour l'amour des martyrs faits par la cruauté de Néron, devait-elle répudier la réparation sociale de Constantin? Evidemment le prétendre serait la plus folle utopie. Voilà, cependant, où porte la conséquence de l'admiration pour les exemples de séparation qui nous sont opposés.

Je n'oublie pas certains inconvénients de l'union entre l'Église et la société civile. Les pontifes césariens, les abbés de cour, les prêtres complices de la tyrannie et casuistes du despotisme, les rois *sacristains*, comme les appelait le grand Frédéric, et sans cesse tentés par les agréments d'une semi-papauté schismatique ; toujours, par son côté humain, l'Église souffrira quelques blessures de son contact avec les États. Mais elle préfère ces blessures à la séparation, parce que gardienne des vérités divines, aucun avantage ne la dédommage de l'oblitération d'une de ces vérités, et qu'aucun malheur ne l'épouvante plus que ce malheur.

Périsse le monde plutôt qu'un principe, c'est sa devise ; notre siècle ne peut la lui reprocher, car il constate que, par un procédé contraire, on ne conserve pas plus le monde que les principes. Cela revient à dire que, confusion pour confusion, il vaut mieux celle de l'ordre matériel que celle de l'ordre moral, d'autant que celle-ci est, plus tôt ou plus tard, l'agent de celle-là.

D'ailleurs, nous ne réclamons pas contre le libéralisme des constitutions. Nous n'aspirons pas aux priviléges de la religion d'État. Quoi qu'il en soit de nos droits en thèse absolue, nous acceptons franchement le régime surnommé de l'*hypothèse;* mais, au moins, qu'on nous accorde l'affirmation de Dieu à l'état social. Surtout qu'on ne nous objecte pas l'opposition des minorités irréligieuses.

Qu'est-ce que l'autorité de la franc-maçonnerie contre celle de l'humanité? De quel droit ceux qui ont le suffrage universel contre eux prétendraient-ils monopoliser la loi pour eux? Est-il juste que quelques centaines d'athées étouffent l'acte public d'adoration dans la poitrine de tout un peuple qui ne l'est pas? Non, non, la religion doit être distincte et indépendante des États, mais nullement séparée, et tant qu'il y aura des États ils devront proclamer la souveraineté sociale de Dieu, sous peine de cruelles expiations.

Quand les anciens voulaient exprimer par un seul mot tout le malheur possible d'une société, ils avaient coutume de dire : « les Dieux s'en sont allés! » C'était la condamnation anticipée de la séparation qui nous occupe. Quel est, en effet, son signe caractéristique? C'est que, sous un tel régime, Dieu s'en est allé, ou plutôt il a été congédié. Eh ! je ne suis pas étonné que nos rois soient si éphémères sur leur trône, puisque Dieu lui-même est renversé du sien ! Dieu est le premier de nos monarques qui fut exilé. Qu'il fasse sa rentrée, les autres règneront plus aisément et plus longtemps. N'est-ce point, d'autre part, parce que Dieu est implicitement nié par la loi française, qu'il n'est plus reconnu par si grand nombre de Français? Nul doute que, sous ce rapport, les églises nationales ne l'emportent sur les sociétés athées. Dans les pays hérétiques et schismatiques, si la religion est souvent un instrument de l'État, elle n'en est pas proscrite ; mais, chez nous, Dieu est en quelque sorte le paria de l'état social ; il erre, sans droit de cité, des camps au *forum*, des villes aux campagnes, et quelques-uns ont même parlé de lui faire passer la frontière, comme on fait aux hôtes dangereux. C'est alors que douze cent mille vengeurs l'ont passée à leur tour, et, croyant venir usurper des provinces, sont peut-être venus, à leur insu et malgré nous, préparer la restauration sociale de Dieu dans nos institutions.

Une dernière considération rend cette séparation impossible, c'est que Dieu ne peut pas se retirer de nous, quand nous nous retirons de lui, et que garder ses dons en chassant leur auteur adoré, c'est une ingratitude plus antipathique au cœur de la France que l'impiété elle-même.

Je suppose, en effet, que Dieu nous prît au mot et dit : Je me sépare de vous, à l'heure ou nous décrétons notre séparation d'avec lui. Quelle mémorable leçon resterait dans notre histoire ! Quel jour sinistre que celui où le Christ, vrai Roi de la société moderne, prendrait son bâton de voyage et lui adresserait ces derniers adieux : « O toi, qui fus l'ouvrage de mon Eglise, sois puni par mon abandon de m'avoir abandonné. Je me sépare de ta propriété, je me sépare de ta famille, je me sépare de tes lois, je me sépare de ton pouvoir, je me sépare de tes mœurs, je me sépare de ta vie publique et de ta vie privée, et je te rejette à dix-huit cents ans en arrière, dans ces siècles de fer de l'ère païenne, dont les grandeurs sauvages ne sont séduisantes qu'à travers les mirages classiques et le prestige du lointain. »

Comme le lendemain de cette réelle séparation de Dieu et de l'Etat, la France, se repliant sur elle-même, mesurerait avec terreur le vide laissé en son sein ! Ce vide ne serait nullement le paradis rêvé par l'athéïsme social ; il supposerait la femme avilie, les églises fermées, les prêtres remplacés par des orateurs de club, les sœurs de charité par des employés à la bienfaisance, la pudeur aux gémonies, le sceptre aux mains de l'émeute, le pouvoir à la merci du plus fort, enfin la civilisation refoulée jusqu'à cette barbarie sans nom, qui doit caractériser la déchéance, inouïe jusqu'à ce jour, d'un peuple sans Dieu. Il n'est pas possible d'évaluer, même par l'imagination, la somme de crimes et de larmes que représenterait cet interrègne de Jésus-Christ.

Alors, pourquoi la société se séparerait-elle de Jésus-Christ puisqu'il ne se sépare point d'elle? et pourquoi signifier à notre Roi des Rois un abandon qui ne pourrait nous être rendu sans péril de dissolution pour nous? Il y a là une déloyauté et une exploitation ingrate : le caractère français ne saurait les prendre à sa charge.

Sans doute, parce que Dieu ne quitte pas les sociétés qui le quittent, son Eglise triomphera des apostasies législatives dont on nous menace ; mais s'il nous faut subir le triomphe de cette erreur, du moins qu'elle soit signalée aux consciences droites, et qu'elle ne s'inaugure pas avec les honneurs dus à la vérité.

De son côté, que la République ne nous impute point en ceci la moindre arrière pensée contre son établissement. Il est vrai que nous ne la mettrons jamais au-dessus de Dieu si elle a la prétention de s'y mettre, mais nous ne lui refuserons pas le concours nécessaire pour qu'il soit fait de ses avantages une expérience de bonne foi.

Le prêtre est citoyen dévoué de plusieurs démocraties renfermées dans la catholicité. En 1848, la République ayant compté avec l'intérêt religieux, nous avons loyalement pactisé avec elle. Nous ne changerons donc pas à son égard si elle ne change pas. Mais supposé qu'au lieu d'être le gouvernement de la nation chrétienne par elle-même, elle devienne la tyrannie d'un athéïsme hypocritement persécuteur, alors nous n'aurons pas à conspirer contre elle pour en avoir raison ; il est aujourd'hui d'expérience historique que, parmi les gouvernements, les indignes ne vivent pas, et que pour durer, en France, les pouvoirs ont quelque chose de mieux à essayer que de se faire craindre : c'est de se faire respecter.

---

§ 3

Le sacrilége diplomatique

Politiquement parlant, la France qui, depuis quatre-vingts ans, a tué ou proscrit ses rois, est coupable de régicide ; socialement, elle a rompu, elle veut rompre d'une manière encore plus complète avec Dieu ; elle est en voie de consommer un déicide. Diplomatiquement, elle a livré un vieillard auguste qui est Roi, Vicaire du Christ et Père de la catholicité, et elle a réuni, dans ce dernier attentat, les trois malices du régicide, du déïcide et du parricide.

Sans doute, d'autres ont frappé les coups les plus odieux contre le Chef de l'Eglise ; mais nous veillions à sa porte quand on le dépouillait, nous étions les amis et les complices de ses spoliateurs, nous avons partagé quelquefois les bénéfices de la spoliation. A notre signal, leur audace s'arrêtait ; quand nous fermions les yeux, elle avançait. Sans nous, rien de ce grand forfait n'était possible, par nous, tout pouvait être conjuré. Aussi, quand l'histoire recherchera les principaux coupables de ce nouveau calvaire dressé à la papauté, le Piémont en sera déclaré le bourreau, mais la France en sera le Pilate.

Ce qu'il y a de plus triste, c'est que dans ce sacrilége on a fait jouer à la France un rôle contraire, non-seulement à sa mission, mais à sa nature. La France a trop de sincérité pour se laver les mains du mal qu'elle fait. Si le mensonge est un déshonneur où les fils de Machiavel n'ont pas grand chose à perdre, le Français y perd son nom, son histoire et ses aïeux, car le jour où nous ne serions plus les fils des Francs, le monde ne saurait plus comment nous appeler. Aussi, quel sera le regret éternel de ce peuple, qui fut toujours le premier soldat du Saint-Siége et le garde du corps de l'Eglise à Rome, d'avoir été contraint, par des astuces diplomatiques, de mentir à son caractère et à son passé.

Pourquoi conter longuement une histoire à laquelle nous avons assisté.

L'Empire commença par des sourires au clergé ; le clergé y répondit par une confiance peut-être imprévoyante. Le Pape eut sa part dans la distribution des faveurs napoléoniennes ; il les accueillit avec une paternelle réciprocité. Au baptême du Prince impérial, le Souverain Pontife était parrain, l'épiscopat de France était témoin, tout annonçait une ère religieuse digne de Théodose et de Constantin.

Mais bientôt le nouveau César avait atteint le faîte. Notre influence lui avait servi d'échelle ; n'ayant plus à monter, il la renversa par un mouvement très-conforme à sa nature, qui était fidèle en amitiés privées et mobile dans ses affections politiques. D'ailleurs, pourquoi contracter avec le clergé une solidarité compromettante ? Ne valait-il pas mieux faire alliance avec la révolution qui assassine les empereurs, plutôt qu'avec l'Eglise, qui prie pour eux, même quand ils ne règnent pas pour elle ?

Cependant, une première sommation avait été faite au pouvoir temporel par la lettre à Edgard Ney ; une seconde ne tarda pas à la suivre dans certaines accusations du traité de Paris. Ainsi, le vainqueur de Sébastopol payait le concours de l'Italie, en Crimée, en lui octroyant de premières arrhes sur le patrimoine de l'Eglise.

Puis vint la guerre contre l'Autriche. Dès le début, tous les amis du Saint-Père se demandèrent avec inquiétude ce que la France ferait de la victoire, et tous pressentirent que la France n'y gagnerait rien, tandis que le Saint-Père y perdrait beaucoup. Bientôt le masque fut effrontément levé de la part de l'Italie, et timidement de la part de la France ; l'Italie osant se permettre toutes les usurpations, la France n'osant en empêcher aucune.

De son plein gré ou contre son gré, l'Empire se trouva donc félon envers le Vicaire de Jésus-Christ. Les devoirs les plus sacrés lui ordonnaient de reculer sur cette voie ; mais d'anciens serments, sa politique de famille, les bombes d'Orsini, le prix qu'il avait accepté pour ses coupables services, c'est-à-dire l'annexion de Nice et de la Savoie, tout le poussait en avant. Alors, il fallut corrompre l'opinion pour s'innocenter, calomnier Rome pour se donner raison contre elle, en un mot miner le trône de Pie IX pour le renverser plus aisément ; c'est dans ce but que fut entreprise une campagne diffamatoire, aussi honteuse à mes yeux que celle de Sedan.

Par la presse officielle, par les orateurs vendus et par les écrivains à vendre, on créa donc un courant sévère aux entêtements de Pie IX, encourageant pour les visées neuves du génie impérial ! Cette levée de boucliers, appuyée par le camp révolutionnaire et par cette masse d'esprits flottants qui se rallient instinctivement autour du plus fort, suscita un parti nombreux. Ses adeptes trouvaient toujours des blâmes pour le Pape, qui était loin et qui n'avait que des bénédictions à donner, toujours des excuses pour l'Empereur qui était près et dont la faveur était profitable.

Constatons-le avec respect, parmi les sentinelles d'Israël elles-mêmes, toutes, en cette circonstance, ne virent pas aussi bien ni aussi loin que depuis. C'est l'illusion des âmes généreuses de ne pas croire aisément le mal. L'Empire exploita à son profit ces optimismes vertueux.

Il ne lui suffit pas de créer l'opposition politique contre le Pape, il lui déclara la guerre même sur le terrain théologique. Quand Napoléon Ier avait à soutenir quelques mauvais procès au détriment de l'Eglise, il montait *à cheval sur les libertés gallicanes*. Le second Empire usa et abusa de ce célèbre cheval de bataille que le concile du Vatican devait tuer sous lui. Rien n'est épargné par sa politique pour diviser le clergé en deux camps, sur ce point ; l'un qui monopolise la faveur en pensant comme la cour de France, l'autre qui est tenu en suspicion parce qu'il pense comme la cour de Rome. Alors on organise une réaction habile contre ce dernier courant. De hautes influences s'y emploient : la liberté de toutes les opinions est honorée... excepté celle des opinions théologiques : permis d'être ce que l'on voudra, mais non ultramontain. On fait de cette épithète une qualification à signification anti-française. On énerve, par la séduction, la fidélité sacerdotale envers le Pape ; on l'intimide par la dénonciation soit à la tribune, soit dans la théologie de cour. La capitale de l'empire prend envers celle de la religion un faux air de Byzance, et l'on enrégimente contre Rome, sous prétexte de zèle national, une foule d'influences naïves qui croyaient travailler pour les libertés modernes, quand elles ne faisaient que servir les tendances séparatistes du pouvoir, et les intérêts de quelques meneurs pêchant dans les eaux troubles de cette situation.

Sur ces entrefaites, le Concile du Vatican est convoqué. A cette annonce, l'Empire vote officiellement pour la liberté de la sainte assemblée ; mais il encourage des œuvres doctrinales destinées à l'entraver, puisqu'elles sont un appel préventif à l'opinion publique contre les décisions du Saint-Esprit. Depuis, bien des excès de ce genre furent commis de part et d'autre ; mais le gouvernement avait donné le premier exemple de la discussion extraconciliaire. Il est vrai qu'un ministère libéral sembla rompre quelques instants avec la tradition exclusive de MM. Baroche et Rouland. Toutefois, c'étaient, au fond, les mêmes idées sous une attitude différente. L'Empire n'était point converti, et il se montrait plus effrayé de la dogmatisation de l'infaillibilité que de l'invasion des Prussiens et de l'avènement de la République !

Ce fut à la fois l'erreur et le châtiment des Napoléons à leur déclin, de voir le péril là où il n'était pas et réciproquement, c'est-à-dire d'avoir sous les yeux l'obsession d'un Pape désarmé à réduire, quand il y avait des milliers d'envahisseurs à repousser.

Cependant, des catholiques considérables, mais plus politiques que théologiens, prenaient parti, dans ce conflit, contre le Vieillard auguste du Vatican, et, après avoir vaillamment défendu son pouvoir temporel, l'abandonnaient dans la lutte actuelle pour son pouvoir spirituel. L'Empire profita d'une telle évolution pour associer ces catholiques, leurs journaux et leurs salons à ses griefs contre l'obstination romaine, et pour attiédir leurs sentiments à l'égard même du domaine temporel. Grâce à ce revirement de l'opinion, il y eut un moment de vertige durant lequel les rôles furent complètement changés. Alors le Pape passait pour le perturbateur de l'Europe, et Napoléon pour la victime des prétentions exorbitantes du Pape. La confusion était à son comble, la nuit régnait sur l'horizon, l'heure était propice pour les actions honteuses : l'Empire la saisit.

Ici, que Dieu me préserve de l'injustice ! Je rougis des excès de notre nation contre ses rois déchus, plus encore que de ses complaisances pour ses rois nouveaux. Je ne serai donc ni frondeur envers Napoléon III, ni servile à l'égard de ses détracteurs, si je dis qu'à ce moment de l'année 1870, il a été commis un crime de cabinet contre le Saint-Père, sous prétexte d'intérêt français.

La convention de septembre était le pont sur lequel l'Empire espérait exécuter son retour de Rome, sans apparence de manquement à sa parole. Le fameux *jamais* de M. Rouher et la victoire de Mentana étaient moins le fait de l'Empereur que de ses ministres, et des expédients momentanés plutôt que l'expression d'une politique irrévocable. Cependant, l'impopularité soufflait un instant contre le Vatican : puisque le Concile avait défini le dogme de l'infaillibilité malgré la France, quelle belle occasion, pour la France, de répondre au Concile en retirant nos troupes de Rome !

Je n'oublie pas le motif qui fut invoqué ; mais une présomption alors dominante portait à croire que les soldats français seraient toujours assez nombreux pour la victoire. Aussi, il est très-probable que la guerre ne fut que le prétexte de la fin de notre occupation, et, qu'en réalité, cet acte répondit à une arrière-pensée diplomatique plutôt qu'à un besoin militaire. Quant aux réclamations probables du monde catholique, on laissait par avance, au chant des *Te Deum* le soin de couvrir ces bruits.

Nous savons la formidable réponse que fit la Providence à un tel défi. Les plus indulgents pour les aberrations de la pensée impériale n'ont pu s'empêcher d'en déplorer cet écart suprême. Qui n'a remarqué, en effet, ces représailles douloureuses nommées Reischoffen et Wissembourg, par lesquelles Dieu ouvre aux

Prussiens l'entrée de la France le même jour où la France ouvre les portes de l'État pontifical au Roi d'Italie ! Ces coïncidences sont trop frappantes pour ne point s'imposer à l'attention des esprits réfléchis. Ce qui en aggrave la signification, c'est l'effet foudroyant qu'elles ont eu par rapport à la destinée de Napoléon III. Lui et son oncle ont triomphé avec un éclat peu ordinaire, et ils sont tombés avec des caractères de réprobation plus extraordinaires encore. On sent à leur infortune qu'elle est l'effet d'un anathème. C'est qu'il y a dans leur culpabilité le poids du sacrilége !

D'ailleurs, si Napoléon III porte dans son exil une impopularité à peine croyable, c'est, évidemment, parce que Dieu veut apprendre au monde qu'il veille lui-même à la garde de son représentant sur la terre. Ce représentant étant faible, les puissants doivent savoir qu'on ne le touche pas impunément. Ainsi, malgré l'incrédulité de notre époque, son histoire exprimera cette moralité des siècles de foi.

« Jamais aucun souverain n'a mis la main sur un pape quelconque et n'a pu se vanter, ensuite, d'un règne long et heureux. Henri V a souffert tout ce que peut souffrir un homme et un prince ; son fils dénaturé mourut de la peste à quarante-quatre ans, après un règne fort agité. Frédéric Ier mourut à trente-huit ans dans le Cidnus. Frédéric II fut empoisonné par son fils, après s'être vu déposé. Philippe le Bel mourut d'une chute de cheval à quarante-sept ans. Ma plume se refuse aux exemples moins anciens (1). »

(1) J. de Maistre. *Lettres.*

Loin de nous la pensée de comparer notre dernier empereur à ces violents ennemis du Saint-Siége ; mais chacun est persécuteur à sa manière, c'est-à-dire, selon son caractère et les mœurs de son temps. Il y a plus, j'aime mieux les agressions ouvertes que ces enlacements diplomatiques consistant à compromettre la victime pour justifier l'agresseur. Après cela, Napoléon III a-t-il voulu, dès le commencement, faire à la papauté tout le mal que son règne lui a légué. Peu familiarisé avec les arcanes de chancellerie, nous avons longtemps cru à des forces majeures indépendantes de sa volonté ; mais, aujourd'hui, les circonstances atténuantes nous paraissent minimes, et la fin éclairant le commencement, l'attentat nous semble avoir été commis avec préméditation. Cette particularité explique l'inexplicable déchéance dont nous sommes témoins !

En ce moment, Pie IX et Napoléon III sont, l'un et l'autre, captifs et détrônés ; mais quelle différence entre ces deux captivités ! A Willhemsoe tout est perdu..... Au Vatican, les respects de l'univers montent encore la garde autour de ce trône déserté par nous. C'est que d'un côté, on voit un monarque qui eut la dignité dans sa personne non dans ses actes, et qui passa sa vie à capituler avec les principes, avant de capituler avec l'ennemi. De l'autre, un roi qui aima la vérité plus que sa couronne, et qui inflexible, soit envers le faux, soit envers la force, ne capitule jamais.

Ce qui a égaré Napoléon III, c'est une absence de moralité politique résultant de la faiblesse du caractère et de la faiblesse des principes. Son crime fut l'habileté sans droiture. Je conviens qu'en affaires il n'y a pas que la droiture des forces aveugles, telles que le boulet de canon, lesquelles vont au but sans tenir compte des résistances intermédiaires, et s'y brisent s'y elles ne le brisent pas ; il y a la droiture des forces intelligentes qui tournent les difficultés directement infranchissables. Mais il est pour ces dernières une condition de moralité, c'est de ne prendre la traverse que lorsque le grand chemin n'aboutit pas. Napoléon III eut, en politique, des affections désordonnées pour le chemin de traverse, il s'y est perdu. Conclusion à l'honneur de la Providence et de la vérité ; ce qu'il y a de plus habile c'est d'être honnête.

Au moment où j'écris ces choses, bon nombre prétendent que Willhemsoe ne sera que l'île d'Elbe et non point l'île Sainte-Hélène de la dynastie napoléonienne. Il ne me déplaît point de proclamer mes convictions malgré cette perspective, et au risque d'encourir quelque responsabilité. Si une dynastie quelconque devait, en rentrant en France, recommencer les errements théologiques du dernier règne, pour moi qui dois compte à Dieu de ma parole, il y aurait un malheur plus grand que celui d'assister aux égarements de cette dynastie, ce serait de n'avoir pas osé lui dire ce que j'en pense.

La dernière monarchie a donc provoqué la justice que nous subissons, et soit, à titre de complicité, soit à titre de solidarité inévitable, la nation devait être associée au châtiment de la monarchie. Oui, le renversement du pouvoir temporel, ce crime qui en renferme trois, le régicide, le déicide et le parricide, pesait sur notre pays et le signalait à la vindicte du ciel. Depuis Clovis et Charlemagne, la France avait une mission qui portait bonheur à son drapeau : dès qu'elle décline les charges de la mission, Dieu lui en retire les avantages, c'est-à-dire la suprématie de la victoire. Dieu n'a que faire des victoires de la France quand l'Église n'y est plus intéressée. Et, ce jour-là, révolution étrange! des nations hérétiques offriront au trône de Saint-Pierre l'appui que nous lui retirons, et nous serons un instant supplantés dans la gloire, pour nous être laissés supplanter dans le devoir. *Un peuple fort, nombreux, tel qu'on n'en a pas vu depuis longtemps, a paru avec la rapidité de l'aurore quand elle se répand sur les montagnes* (1). Comme s'il sentait que la force lui vient du bien fait à l'Église, quoique la majorité de ses enfants soit protestante, ce peuple accorde, dit-on, à l'épouse du Christ une hospitalité plus libre, et au vicaire du Christ un concours plus efficace que les nations catholiques. Les choses changeront, Dieu merci, quand les nations catholiques seront changées ; mais, en attendant, qu'elles s'instruisent, elles qui furent jadis les arbitres de la terre!

Encore si le nouveau Gouvernement de France avait répudié le legs le plus dangereux dans la survivance de l'Empire? Mais le seul héritage qu'il en ait voulu

(1) Joel. 11-2.

recevoir, c'est le sacrilége. A peine installé, il s'empresse de le consommer. Avant que de livrer sa première bataille aux Prussiens qui sont forts, il sacrifie le Pape qui est faible, et il fait ainsi de la France qui est, elle aussi, une faiblesse opprimée, la complice du fléau qui ravage son sein. Dans cette question capitale, le même Gouvernement a failli à sa mission qui est provisoire, en imposant au pays une responsabilité définitive ; il a failli à son principe, qui est la République, en abandonnant Rome à une Monarchie ; il a failli à son programme qui disait : « Nous ne céderons pas un pouce de territoire, ni une pierre de nos forteresses, » en livrant le territoire et les forteresses d'autrui ; il a failli à son drapeau, qui est la liberté, en sacrifiant la liberté de tous les catholiques ; il a failli, en un mot, au ciel et à la terre, à tous les respects, à toutes les franchises et à toutes les pudeurs, uniquement pour satisfaire les ressentiments impies d'une minorité qui l'acclamait hier et qui le renie aujourd'hui.

Qu'il n'étale pas sous nos yeux les hontes de la pourpre impériale pour nous distraire des siennes. Son premier acte a été un plagiat de la politique napoléonienne. Et, depuis, c'est en vain qu'il fera des prodiges de courage et de talent pour s'en relever. Il y a, dans l'histoire des collusions pratiquées par les pouvoirs contemporains, deux faits dignes de se servir de pendant. Le premier, c'est le mot de Napoléon, livrant des Français à l'Italie, la veille de Castelfidardo, en lui disant : Allez, et faites vite ; le second, c'est la démarche du Gouvernement de la Défense, invitant la même Italie à passer la frontière romaine, parce que la France ne défend plus rien de ce côté. Qu'on n'applique pas deux mesures différentes à des actes qui ne diffèrent pas. Telle fut la gloire du premier, telle la gloire du second ; j'ose même dire que l'opprobre du second l'emporte, car Napoléon subissait une pression, tandis que le Gouvernement de la défense a eu toute la spontanéité de son attentat.

Et, après cela, on s'étonne que le ciel ne soit pas propice à des superbes qui ont la prétention de faire des miracles sans Dieu ! On s'étonne que nos prières n'aient point de vertu, quand certains gouvernants sont prêts à s'en approprier l'effet, en se moquant de nos prières elles-mêmes. Non, il faut qu'on expérimente que le *Génie de la France* n'est qu'un blasphème déguisé ; il faut qu'on reconnaisse que la *fortune de la France* n'est qu'une friperie de rhétorique païenne ; il faut qu'on apprenne, enfin, que notre peuple, comme l'antique Géant, a besoin de se remettre en contact avec le sol de Rome, pour recouvrer sa force, et quand nous nous serons lavés des souillures de la profanation, purifiés de nos embrassements avec les excommuniés, et totalement réintégrés dans l'honneur de notre baptême, alors *Jéhova se relèvera et il éloignera l'ennemi qui est venu de l'aquilon* (1).

Au reste, les autres nations catholiques feront sage-

(1) Joel. 12-12.

ment de ne point imiter les fautes de la France, et de cesser d'envoyer au Roi de Rome détrôné de stériles condoléances. C'est pour la dignité et pour la liberté de leur conscience que le Pape est roi ; elles se défendent en combattant pour la royauté du Pape. Si elles suppléent à ce devoir par quelques lamentations officielles, du sein de sa voie douloureuse, le Saint-Père pourra, à bon droit, se tourner vers elles, en disant : « Filles de Jérusalem, ne pleurez pas sur moi, mais sur vous et sur vos fils. » Aujourd'hui, en effet, la royauté du Pape qui a besoin d'être appuyée, est cependant l'appui de toutes les autres. Le monde est miné, d'un extrême à l'autre, par une vaste conjuration, prêt à sauter en éclats comme la caserne Seristori, et le détrônement définitif du Saint-Père serait le signal d'un écroulement universel.

---

§ 4

La Révolution chronique

Voici encore une de nos tristes spécialités. Notre pays est, dans la géographie morale, une sorte de fournaise volcanique dont la fumée obscurcit habituellement le monde, et dont les éruptions le font souvent trembler. Le monde a des curiosités ardentes pour les mouvements de ce cratère, comme pour ceux du Vésuve et de l'Etna, et nous avons eu le tort de regarder cette curiosité comme de l'admiration. Si jamais nous fûmes dignes d'un tel sentiment, ce n'est point assurément à titre de foyer, de métropole de la révolution cosmopolite.

Il fut un temps où le mot révolution était synonyme de liberté; mais ces innocentes interprétations n'ont plus de cours. Révolution signifie aujourd'hui un cataclysme social qui rappellerait les commotions de l'ère antédiluvienne, s'il était réalisé. Révolution, en effet, cela veut dire que Dieu c'est le mal, que la propriété c'est le vol, que l'anarchie c'est l'ordre, que les peuples sont faits pour la République, non la République pour les peuples, et que sur la ruine de tous les principes, de toutes les croyances, du bon sens outragé et de la nature indignée, une forme de gouvernement, une abstraction politique doit devenir l'objet de l'idolâtrie universelle. Ainsi entendue, la Révolution c'est la mystique du satanisme, c'est la reconstruction du monde sens dessus-dessous, c'est la marche de l'humanité la tête en bas ; enfin, c'est un embrassement sanglant de l'orgueil et de la convoitise, se rencontrant au milieu d'un chaos sans Dieu pour recommencer la fécondation du néant.

Plus ou moins, sous des noms divers, tous les peuples sont travaillés par cette fermentation immense ; mais la France porte des responsabilités exceptionnelles devant Dieu, comme patrie et capitale d'un agent si démoralisateur.

Ailleurs, la Révolution est consignée par la loi ou par les mœurs dans l'ombre des loges maçonniques ; en France, elle s'étale au grand jour, elle pose dans un journalisme spécial, elle a des tréteaux vus de loin, elle donne des représentations modèles pour le reste de l'univers. On peut dire que, partout ailleurs, la Révolution se sent chez les autres, tandis qu'en France elle est chez elle. Grâce à son esprit qui souffle perpétuellement dans notre atmosphère, nous sommes le pays où les pouvoirs ont le moins de stabilité et les émeutes le plus de succès. Dix ans ont été, depuis 89, la durée moyenne des gouvernements, ce qui veut dire que les pouvoirs, en France, sont cinq ou six fois plus éphémères que les individus.

L'opposition aux gouvernements quels qu'ils soient est l'attitude politique la plus applaudie et la plus lucrative. Tout le monde comprend le courage qu'il faut pour renverser un trône; personne n'honore celui qu'il faut pour le soutenir. Dans le premier cas, cependant, on se désintéresse de la faveur gouvernementale, non de la popularité; dans le second, on peut faire le sacrifice de l'une et de l'autre. Sous cette influence d'une opinion publique sans moralité, nous avons, vis-à-vis du pouvoir, le respect humain de nos sentiments et l'ostentation de nos ressentiments. La guerre contre le gouvernement est devenue une sorte de dilettantisme intellectuel très prisé parmi nous, et fallût-il beaucoup calomnier en ce genre pour réussir, la chose n'a pas grand inconvénient; la liberté illimitée de la presse, c'est-à-dire une immunité absolue a été créée au profit des auteurs qui ont besoin de tout inventer, pour des lecteurs qui ont besoin de tout croire, depuis qu'ils ne croient plus en Dieu.

Aussi le monde entier s'est ému des infortunes de nos princes; c'est à peine si l'on pourra compter bientôt le nombre de nos monarques exilés. L'histoire s'est étonnée « de la quantité de larmes que nous avons fait couler des yeux de nos souverains! » A la vue de ces augustes victimes dont l'amour s'obstine à nous rester fidèle quand le nôtre les abandonne, de ces nombreux proscrits dont l'agonie regardait vers nos frontières et dont la tombe nous accuse, l'univers s'est pris à prendre nos Rois en pitié, et à nous demander compte de leurs malheurs! Le père du Régent le souhaitait pour maître à un peuple qui aurait besoin d'être châtié. Le peuple français serait-il, au contraire, destiné à faire le châtiment de ses maîtres, même quand ils ne l'ont pas mérité, et donnera-t-il toujours l'exemple d'une versatilité et d'une turbulence sans cœur, avec des facultés sympathiques sans rivales!

Il est temps que nous y pensions, car si la France ne se met pas au-dessus des fascinations de la révolte, et ne réfrène pas sa mobilité politique, elle est menacée de longues catastrophes. Déjà elle est punie, comme nation ingouvernable, par le malheur de n'être pas gouvernée, et elle le trouve pire que celui de l'être trop. Mais pense-t-on que son tempérament anti-autoritaire ne soit pour rien dans l'invasion que nous subissons?

Je le nie surnaturellement parlant.

Si, d'après saint Paul, c'est le Christ qui est la tête de toute principauté, il est impossible que les soufflets donnés chez nous à la Sainte-Face, depuis cent ans, ne nous aient point attiré cette flagellation exemplaire. Si les princes sont l'image de Dieu, il est impossible que la profanation systématique, étudiée, acclamée, rétribuée de cette image, qui fait le fond de nos habitudes politiques, ne soit pas une cause de notre expiation actuelle.

Je le nie encore dans le sens naturel.

C'est pour venger la mort de Louis XVI que presque toutes les monarchies de l'Europe se coalisèrent contre le gouvernement de la Convention. Peut-on croire que les sept ou huit souverains armés contre nous en ce moment, n'aient pas une intention répressive pour nos outrages séculaires à la souveraineté? N'a-t-on pas surpris, dans les sourires insolents de leur diplomatie, le mépris pour nos dissensions intérieures et le désir de les corriger en les exploitant. Enfin, qu'ai-je entendu dire? N'y a-t-il pas des Français affolés de terreurs superstitieuses à l'intérieur, et d'autres épris de coupables ambitions à l'extérieur, qui saluent le roi de Prusse comme le vainqueur de notre démagogie, tout en le maudissant comme le bourreau de nos soldats? J'avoue que je ne comprends pas ces subtilités anti-patriotiques. Pour moi, quand il s'agit du pays, je répudie tout compromis de sentiment en faveur de l'étranger. J'aime mieux l'anarchie des Français en France, que l'ordre fait par les Prussiens, le plus grand désordre de l'Europe étant que les Prussiens fassent de l'ordre chez nous.

Si notre infortunée patrie n'était que l'antre de la révolution, ce serait à ses risques et périls, et tant mieux ou tant pis pour elle; mais elle est aussi la voix et l'instrument de cette infernale propagande : de telle sorte que nous jetons chez les autres peuples les brandons qui nous dévorent, et que nous promenons dans le monde une civilisation qui ressemble moins à la lumière du flambeau qu'à la torche d'incendie. Ici, point d'exagération à notre préjudice, mais aussi plus d'aveuglements à notre avantage, puisqu'ils nous ont coûté si cher.

Les Allemands qui ne faisaient point de mots avant M. de Bismark, en ont risqué un sur notre compte, et ils y tiennent : Les Français, disent-ils, n'ont aucun avantage sur nous que celui de donner le branle à la mode. Ainsi, notre seule supériorité serait celle d'habiller et de coiffer toutes les nations du continent à l'instar de Paris, et d'être les premiers marchands de nouveautés de l'univers. A cette boutade humoristique, je réponds sur le même ton : Il est fort heureux pour les Allemands que nous soyons les initiateurs de la mode, car nous avons introduit la mode de les étudier ; — je ne dis pas de les toujours comprendre, mais à qui la faute ? — Si nous n'avions pas fait à bon nombre de leurs auteurs l'honneur de les présenter au monde traduits en français, jamais ces astres n'auraient percé les brouillards d'outre-Rhin.

Eh qui saurait sans nous que Berlin a rêvé ?

Mais je me hâte de répondre sérieusement : que M. de Bismark, plagiaire de l'esprit et de l'orgueil sarcastiques propres à nos seigneurs d'un autre âge, nous conteste l'originalité qu'il nous emprunta, cela se comprend ; mais que ses compatriotes nous dénient le mérite d'être, en Europe, les premiers vulgarisateurs des idées comme des toilettes, et, partant, de la révolution sociale tout aussi bien que des chefs-d'œuvre germaniques, je ne le comprends pas.

Non, la triste gloire d'agiter les autres peuples, quand nous remuons, ne saurait nous être refusée : « Un mauvais livre écrit en français, a dit de Bonald, est une déclaration de guerre à toute l'Europe. » Le mot de Royer-Collard : « La révolution fait le tour du monde », exprime encore très-bien la puissance d'apostolat qui caractérise notre action politique. Grâce à cette vertu communicative, par notre tribune, par notre presse, par la diffusion de notre langue, par notre ascendant diplomatique, nous avons été les propagateurs les plus actifs de l'anarchie et de la démoralisation sociales. Sous ce rapport, notre influence fut longtemps une menace et un péril pour la sécurité des trônes et des peuples ; la France ressemblait à un vaste établissement de fulminate, où il suffisait de mettre le feu pour secouer au loin le sol et faire tomber les édifices. Les choses en étaient là, quand les hordes d'outre-Rhin nous ont loyalement tendu leur guet-à-pens pour nous exterminer par mesure préventive, et sont venus piller notre maison durant l'incendie révolutionnaire, sous prétexte de jeter de l'eau dans les flammes.

Mais quelle que soit la foi carthaginoise de nos envahisseurs, il n'en est pas moins vrai que nos excès démagogiques leur servent de palliatif aux yeux des monarchies intéressées à la tranquillité européenne. Il n'en est pas moins vrai que le nouvel empire d'Allemagne n'est qu'une réponse et un défi à l'utopie de la République universelle. Il n'en est pas moins vrai que l'union du pangermanisme et du panslavisme n'est pas autre chose que l'autocratie du Nord se présentant en faisceau à la coalition démocratique du Midi. Encore si le Midi était capable d'une coalition ! Mais les démocraties anti-chrétiennes ne se rencontrent que dans la négation de Dieu et de l'ordre ; elles sont dévorées par le mal irrémédiable de la dissolution endémique, et les races latines seraient condamnées à une absorption prochaine, si la vitalité évangélique n'était encore plus forte en elles que l'inoculation du poison révolutionnaire.

Ici qu'on n'abuse point de notre concession au sujet des races latines pour nous associer au blasphème, contre le catholicisme, tiré de leur histoire. Sans doute les races latines souffrent dans la période qu'elles traversent, parce qu'il le faut pour leur épuration présente et pour leur préservation future ; toutefois, ce n'est point parce qu'elles sont politiquement au-dessous de leurs dominateurs de circonstance. Qui pourrait accuser ces nations d'infériorité relative? Les hommes de liberté? Mais ces nations sont les plus libres du monde ; tous les problèmes sociaux de l'ère moderne ont été suscités par elles; un paysan de France en sait plus en matière de droits et de dignité politique que tous les margraves du Rhin. L'Eglise n'a donc point comprimé l'essor de ses enfants par sa maternelle tutelle. Ce qui fait leur désavantage, ce n'est point de n'être pas assez avancés dans l'émancipation, c'est de s'y être aventurés. Donc, il n'appartient pas aux prétendus progressistes d'incriminer cette surabondance de vie, et nos prêtres dévoyés, qui voient partout la mort politique à l'ombre du joug de Rome, ne sont que des rhéteurs coupables, cherchant des mots pour cacher des défections.

Qui pourrait encore accuser les peuples latins d'infériorité? Seraient-ce les hommes d'autorité? Qu'ils se désabusent : ce qui se passe chez ces peuples n'est pas une décomposition, c'est un enfantement ; ce n'est pas un état de dégradation intellectuelle et morale, c'est un élan qui cherche son équilibre ; ce n'est pas un retard, c'est une avance sur la marche des Slaves et des Teutons. Les races latines sont arrivées à la liberté comme à la civilisation avant les autres ; elles travaillent à s'y établir, voilà le mot de leur agitation. Le jour où les races du Nord parviendront au même point, elles éprouveront les crises caractéristiques d'une telle évolution de tempérament. A quand cette effervescence de la vie politique au delà du Rhin ? Je l'ignore. Chez les nations froides et lentes, la transition d'un point à l'autre de leur développement social rappelle la longue durée des périodes géologiques. Mais, enfin, quoiqu'elles avancent à pas de tortue, elles arrivent ; et quand l'Allemagne en sera là, alors elle comprendra que si elle fut un jour envoyée par le ciel contre nous, ce n'est nullement parce que les dérèglements de sa force valaient mieux que ceux de notre progrès ; surtout les calomniateurs des races latines comprendront que si elles eurent beaucoup à expier, ce n'est point « parce qu'elles étaient catholiques, mais parce qu'elles « ne l'étaient point assez (1). »

(1) Lettre de Mgr Dupanloup.

§ 5

L'abus de la victoire

Ce péché de la France en renferme deux : l'infatuation de la gloire militaire et l'usage illicite de la force des armes. L'un et l'autre forment des traits saillants de notre physionomie et de notre histoire.

Epigramme à part, les Français sont comme le père de Mme de Sévigné, lequel se battit trente-six fois en duel, uniquement par crainte d'être réputé trop paisible. Excellent gentilhomme, d'ailleurs, et capable de donner non-seulement de sa bourse, mais encore de son sang à celui qui lui eut fait l'honneur de le tenir pour un adversaire terrible. N'est-ce point là notre fait? C'est le propre des peuples, comme des enfants, de placer leur gloire dans l'avantage de faire peur, même sans avoir le goût de faire du mal. Nous avons souvent joué ce rôle en Europe, remportant volontiers des victoires pour le compte d'autrui, et ne gardant pour nous, dans le butin, que l'honneur d'être proclamés les premiers soldats du monde.

Je confesse mon faible pour cette nuance de notre amour-propre national. Après tout, nous avons fait la guerre avec éclat, en y mettant de notre âme et de notre génie. Le maréchal Villars apprenant sur son lit de mort que le maréchal de Berwick vient d'être tué sous les murs de Philisbourg, et s'écriant, avec une sublime jalousie : « Cet homme a été toujours plus heureux que moi » ; le mot de nos officiers à Fontenoy : « Messieurs les Anglais, tirez les premiers » ; nos soldats, à Malplaquet, n'ayant presque rien mangé depuis trois jours et refusant de toucher à leur pain avant d'avoir battu l'ennemi : ces traits et tant d'autres empruntés à la chronique de nos batailles, composent une épopée immortelle, à laquelle aucun scepticisme ne peut refuser son admiration. L'âme de la nation incarnée dans cette légende, est une apparition du beau idéal devant laquelle tous les siècles s'inclineront. Ajoutez à la partie héroïque de nos fastes militaires les éclairs de génie qui les sillonnent, depuis Rocroy jusqu'à Austerlitz et au delà : cet ensemble forme un faisceau d'actes de courage et d'actes d'inspiration, de force et de lumière, de vertus et d'intuitions guerrières, de sacrifices et de victoires qui font de notre histoire un sujet d'envie pour tous les peuples, et souvent un canevas digne d'Homère et de Virgile.

A mes yeux, ce qui rend cette histoire plus belle, c'est que notre héroïsme fut rarement entaché de convoitise. En Grèce et en Espagne sous la Restauration, en Crimée et en Italie sous l'Empire, — je n'ose pas nommer le Mexique, — nous intervenons pour l'honneur ou pour l'intérêt européen. Par notre fait autant que par les représailles de l'étranger, nos vingt-cinq ans de victoires, sous la République et Napoléon Ier, ne nous rapportent pas, en 1815, un pouce de terrain au delà de nos frontières de 1789. Et si, naguère, quelques rêveurs de France étaient tentés par un agrandissement de territoire, on peut dire qu'aujourd'hui la France regrette peut-être plus que le territoire qu'elle est menacée de perdre, le prestige militaire qu'elle a perdu. Nous voilà avec notre incroyable mélange de grandeur et de vanité. Les événements actuels nous ôteront la vanité, mais ils nous laisseront la grandeur.

Eh bien, il faut avoir le courage de nous le dire, si, depuis l'époque de César nos deux aptitudes maîtresses, sont la guerre et l'éloquence, nous avons beaucoup abusé de l'une comme de l'autre. En jouant au soldat, nous sommes devenus de médiocres citoyens. Au bruit des fanfares et des tambours, nous avons oublié les vertus qui consolident les sociétés. Le militarisme, à l'état d'affection désordonnée, fut notre travers, avant d'être, à l'état d'organisation conquérante, le crime de la Prusse. Nous avons vécu avec nos voisins à la manière de certains duellistes pointilleux qui tirent l'épée pour la gloriole, et nous avons pratiqué la susceptibilité autant que la religion de l'honneur.

Certainement, de toutes les guerres qui ont eu lieu pendant deux cents ans, nous en avons déclaré les trois quarts. Les millions d'hommes qui ont été immolés à cette propension de notre tempérament national sont innombrables. Les ruissaux de sang et de larmes que nous avons fait couler ne pèsent pas assez à notre cœur, et si les mères, les épouses, les filles que nous avons mises en deuil au delà du Rhin, de 1792 à 1815, vivaient encore, il leur serait aisé de voir une justice dans l'injustice même de leurs compatriotes envers nous. Voilà comment s'exécute l'ordre providentiel jusques dans les désordres de la conquête. Accordons donc quelques années à la Providence qui a les siècles devant elle; par un moyen ou par l'autre, elle acquittera la créance que nous acquérons en ce moment sur la fortune de l'Allemagne. Le seul roi qui ne soit jamais vaincu dans aucun désastre, c'est Dieu!

Mais, en attendant, n'est-il pas facile de voir, dans les revers actuels, un correctif utile pour nous? Il fallait nous guérir de cet engouement pour les succès de guerre qui nous rend nos foyers insupportables après une paix de dix ans. Il fallait calmer cette fièvre militaire, qui oblige fréquemment nos pouvoirs de nous donner des lauriers à cueillir, pour nous ôter le temps de démolir des trônes. Enfin, il fallait une grande leçon pour cette mobilité nationale demandant sans cesse d'être conduite à la victoire, sous peine de conduire nos rois en exil. Et quel remède était mieux approprié à une telle maladie que les désenchantements mémorables qui nous punissent par où nous avons péché?

A nous, qui fûmes vainqueurs avec magnanimité, Dieu oppose des conquérants sans entrailles qui changent les lois de la guerre au profit de leurs égoïsmes, qui déclarent la résistance un crime, le pillage un droit, l'incendie et les bombardements inutiles des moyens très-généreux, enfin l'aplatissement du vaincu sous les pieds des vainqueurs le plus saint des devoirs.

A nous qui fîmes la guerre avec génie, des conquérants terre à terre réduisant la victoire à un métier de réquisitionnaire; qui remplaceront le génie par l'espionnage, l'inspiration par l'astuce, l'habileté individuelle par la force inintelligente des masses, et qui, en n'avançant que dix contre un, en ne marchant que la nuit, en ne vivant que dans les buissons et les tranchées, enlaceront les villes et les armées avec des tours appris par avance, comme un jongleur prend des animaux avec un nœud coulant, qu'on lui montra pour de l'argent.

Enfin, à nous qui fîmes la guerre avec désintéressement, des conquérants avides qui tariferont la résistance qu'on leur opposera, qui tueront tant de femmes, qui brûleront tant de maisons pour chaque boulet qu'une ville leur enverra, qui paieront l'hospitalité des vaincus par des outrages, qui dévaliseront le toit sous lequel ils viennent de dormir, et qui feront de la conquête quelque chose de si sanglant et de si honteux, qu'on rougira désormais d'être conquérant.

Après Alexandre, après César, après Gustave-Adolphe, après Napoléon Ier, la force des armes conservait du prestige; mais après les victoires de la Prusse, elle tombe sous le coup du mépris universel. C'en est fait, les Français n'en voudront plus.

Quel ne serait pas le bienfait de cette guerre si elle nous ravissait l'envie d'en faire d'autres sans nécessité! Quel ne serait pas l'avantage de la défaite, si elle nous corrigeait de la monomanie des batailles et des fascinations du triomphe sanglant ! Non, jamais je ne croirai cette expérience regrettable, supposé qu'elle nous détache de la caserne pour le foyer, des aventures militaires pour les vertus civiles, de la domination matérielle pour la suprématie morale. Une guerre qui serait la dernière serait la plus heureuse, même pour le vaincu, puisqu'elle serait une victoire pour l'humanité. Sans avoir jamais cru à l'efficacité des ligues en faveur de la paix, je les respecte et leur annonce plus de succès à l'avenir. Sans doute de grandes haines vont s'allumer dans les gigantesques conflits auxquels nous assistons, mais un sentiment dominera la haine : ce sera le dégoût des hécatombes humaines et des malfaiteurs de chancellerie qui offrent de tels sacrifices à leur ambition. Puisse la France éprouver cette répulsion digne de son cœur, et tourner davantage ses goûts et son estime vers les arts de la paix.

Au reste, Dieu n'a rien négligé pour la dégriser de ses ivresses guerrières. Il laisse subsister, çà et là, dans l'histoire de notre dernière campagne, quelque chose de pire que le malheur : un peu de honte. Or, la France est comme l'hermine, les taches lui font horreur ; en haine de tels outrages, elle abjurera le culte de la force matérielle qui les infligea à son honneur immaculé.

L'Empire avait abusé des armées contre la liberté ; aussi ses armées composées de héros pris individuellement, se sont évanouies sous des affronts collectifs, tels que le monde n'en avait jamais vus.

De son côté, la démocratie a abusé des armées contre l'autorité, croyant bénéficier, à son profit, de la démoralisation semée dans les camps au détriment de l'Empire; tâchant de confisquer les victoires pour elle et de passer les défaites au compte de la trahison; enfin, bravant les vœux d'une majorité religieuse qui lui disait : au moins quand nous versons notre sang pour vous, n'allez pas faire des lois contre nous; aussi la démocratie, malgré l'ardeur de ses improvisations militaires, ne peut restituer à nos armées leur ancienne splendeur.

Certes, rendons gloire ici à tant de noms immortalisés par la reconnaissance de la patrie, et qu'il nous serait impossible d'énumérer! Gloire, surtout, à ces braves volontaires de l'Ouest décimés par le feu de nos dernières batailles! Il nous est doux de penser qu'à l'heure où la France n'est plus le soldat du Pape, les soldats du Pape sont devenus les premiers soldats de la France!

Mais en dehors de l'héroïsme général, il y a eu des défaillances particulières que nous ne devons pas enregistrer. Quiconque oserait écrire que nos bataillons ont fui quelque part devant l'ennemi, n'obtiendrait que l'incrédulité de l'avenir. Peut-être le fallait-il ainsi, cependant, non-seulement pour apprendre à l'avenir la différence qu'il y a entre le patriotisme croyant des Bretons et le patriotisme athée des Bellevillois; mais surtout afin d'ôter à la France ses enthousiasmes séculaires pour la tyrannie du canon.

A Dieu ne plaise que je regarde cette crise comme

un affaiblissement irrémédiable pour elle! Non, la France ressemble à ces arbres vigoureux que la force peut un instant faire plier, mais qui se redressent pour souffleter l'audacieux qui courba leur superbe front en passant. Seulement, Dieu la traite comme tous les conquérants, à qui il impose, avant la fin, des retours douloureux de fortune, de peur que la séduction de leur gloire ne consacre les excès de la force, et n'altère la moralité de l'histoire.

Après l'expérience sinistre que nous faisons, notre conclusion ne sera plus douteuse : arrière la violence, place au droit! Arrière le militarisme sans conscience, place aux vertus!

TROISIÈME PARTIE

NOTRE ANARCHIE DOCTRINALE

Un contemporain a écrit : « Ici-bas rien n'est complet que le malheur. » La France, de nos jours, est la preuve et l'exemple de cette désolante vérité. Toutefois, il y a quelque chose d'aussi complet que le malheur : c'est la malice humaine qui lui donna lieu. Soit qu'il s'agisse de l'homme, soit qu'il s'agisse du monde, en effet, le mal matériel est la conséquence du mal moral, et ceux qui se scandalisent du premier, sont ceux qui n'ont pas suffisamment conscience du second. Le mal moral de la France était immense, son expiation doit être proportionnée. Achevons d'étudier cette corrélation entre nos fautes et nos larmes, en esquissant le tableau de nos écarts sous le rapport doctrinal.

Comment résumer un si vaste sujet? Tout se dit et tout s'imprime dans une société impressionnable comme la nôtre, où les erreurs comme les chroniques sont répétées par d'innombrables échos. Aussi la *Somme* des blasphèmes contemporains serait un livre aussi fastidieux à faire qu'à parcourir. Mais, nous présenterons à la réprobation du sens moral, un ensemble digne de toutes ses répulsions, et nous montrerons la France chargée devant la justice de Dieu d'une culpabilité égale à ses malheurs, si nous exposons l'abrégé de ses audaces et de ses attentats : 1° dans la négation philosophique ; 2° dans la négation scientifique.

---

§ 1

La Négation philosophique

Notre époque est un amalgame confus de bien et de mal. Jamais, depuis un siècle, on n'avait tant prié dans les camps; jamais on n'avait tant blasphémé dans le pays. La première République et le premier Empire n'offrent rien de comparable à certains épisodes dignes des Croisades dont Cathelineau, le général de Sonis, et bien d'autres, demeureront les héros légendaires. Au contraire, la première République et le premier Empire n'ont rien, dans les plus tristes pages de leur histoire militaire, qui égale les turpitudes de nos bataillons athées au combat. Ainsi la société subit, sous le rapport religieux, un double travail de restauration et de dissolution, et la seconde moitié du dix-neuvième siècle est, à la fois, meilleure et pire que la première. Etrange contraste que tout lecteur doit bien connaître pour comprendre le monde auquel il appartient et, quelquefois, pour se comprendre soi-même!

L'amélioration se manifeste par une foule de symptômes heureux. Il est vrai qu'à l'ironie de Voltaire ont succédé les coalitions haineuses du *solidarisme;* mais la haine elle-même est moins irréligieuse que le rire. C'est prendre Dieu au sérieux que de le détester. On peut même dire que c'est une façon indirecte de le confesser, l'homme étant incapable de haïr ce qui n'est pas. Et tandis que le blasphème s'est imposé, malgré lui, certaines formes de respect, la foi des classes éclairées a suivi, depuis cinquante ans, une progression sensiblement ascendante.

Les statistiques du mouvement religieux envisagé dans les communions pascales, dans les œuvres de charité pratique, dans la propagation de la foi, dans la piété envers le Saint-Siége, dans la multiplication sacerdotale, dans la profession intelligente et *bien portée* du christianisme annoncent un vrai *réveil* chrétien. Sous l'inspiration de ces faits indéniables, un esprit élevé et bien informé des choses de son temps a pu résumer ainsi ses appréciations :

« A travers les obstacles, les oscillations, les dévia-
« tions, les fautes qui s'y rencontrent, le réveil chré-
« tien est évident. Il y a progrès de foi chrétienne,
« progrès d'œuvres chrétiennes, progrès de science
« chrétienne, progrès de force chrétienne, progrès in-
« complets et insuffisants, mais réels et féconds,
« symptômes d'une vitalité puissante et pleine d'ave-
« nir. Que les ennemis du christianisme ne s'y trom-
« pent point ; ils lui font une guerre à mort, mais ils
« n'ont point affaire à un mourant (1). »

Voilà la véritable histoire, malgré bien des apparences contraires que je n'ignore pas et des courants opposés que je ne peux nier, puisque je suis occupé de

(1) Guizot, *Médit.*, 2e série.

les combattre. Si quelqu'un trouve, au fond de son âme, des protestations contre la conclusion optimiste de M. Guizot, c'est qu'il prend un orage passager pour l'état normal de l'atmosphère, ou bien qu'il est dominé par l'un de ces deux pessimismes : le pessimisme de la vertu, qui voit ici-bas plus de mal qu'il n'y en a, parce qu'il se persuade aisément ce qu'il craint; le pessimisme irréligieux, qui s'exagère les progrès de l'irréligion, parce qu'il se persuade ce qu'il désire.

Mais, cette part étant faite à la moralité du siècle présent, convenons qu'il a blasphémé autant que le précédent, en substituant la politesse au persiflage, et une érudition souvent romanesque à la satire voltairienne. Ce travail, poursuivi sous le masque d'une impartialité inexorable, et d'une rigueur scientifique prête à tout démolir pour tout sonder, a créé chez nous un état intellectuel unique dans l'histoire des nations : la négation radicale, et la négation radicale à l'état populaire ; deux abaissements pires que nos malheurs, si nos malheurs doivent mettre un terme à ces abaissements.

Rien de plus impie que le radicalisme de nos négations. Depuis le jour où Lamennais fulmina son réquisitoire éloquent contre l'indifférence, la question a singulièrement changé d'aspect, et le terrain de l'attaque s'est avancé des frontières jusqu'au centre, jusqu'à la capitale même de la vérité religieuse.

En 1820, l'incrédulité, effrayée par les souvenirs de la Révolution, goûtait une sorte d'orgueil vertueux dans la réfutation de Condillac et se terminait aux timides conclusions du déisme. Maintenant, elle aboutit, tantôt par des formules à sourdine, tantôt par des cris forcenés, à ce programme de fou démoniaque : *Crever la voûte du ciel.*

Jadis, elle laissait subsister Dieu et l'âme sur les ruines du symbole chrétien; aujourd'hui, elle fait table rase des vérités impondérables au trébuchet scientifique. Enfin, jadis, elle proclamait toutes les religions également bonnes, en ce moment, elle les estime toutes également mauvaises, et, à la place des dogmes positifs, elle arbore, un jour cette orgueilleuse chimère, complice de toutes les passions du cœur et de toutes les aberrations de l'esprit, la religion! un autre jour, l'athéisme le plus éhonté.

Pour se venger d'un tel excès, Dieu est en train de le laisser s'organiser socialement chez nous. Peut-être faut-il qu'il soit réalisé quelque part, afin que le reste du monde en soit préservé par l'épouvante. C'est qu'un homme peut être inconséquent, en se montrant à la fois athée et honnête; mais un peuple est toujours logique, et il ne devient pas athée sans rebrousser chemin vers la bête. Ainsi, Dieu est en même temps la foi et le garde-fou de la pensée humaine; quand il est chassé de l'intelligence d'une nation, la place qu'il occupait ne tarde pas d'être envahie par une sorte de possession infernale; à sa suite, l'art, la poésie, l'amour, le courage, le génie s'évanouissent, les croyants sont remplacés par des monstres, et l'apostasie est punie par l'abrutissement.

Sans chercher la preuve bien loin, regardez notre

société : d'abord sceptique en matière de religion, elle est devenue sceptique en politique, et le peu de pudeur qui lui reste, sous ce rapport, est plutôt l'effet d'une noble fierté qui veut rester fidèle à soi-même, que d'une vraie foi aux principes.

Elle est sceptique en philosophie, car elle a souri avec faveur à la théorie de l'identité des contraires. Elle est sceptique en morale, car la distinction du bien et du mal n'est pour elle qu'une convention sociale fondée sur des intérêts. Elle est sceptique en matière de sentiment, car les hommes sont punis du crime de ne pas croire en Dieu par le malheur de ne plus croire les uns aux autres. Enfin, elle est sceptique envers l'essence de sa propre vie, car il n'est pas possible à ceux qui n'ont foi en rien d'en avoir en leur âme, et après avoir tout nié ils se nient eux-mêmes : *là finit la raison humaine* (1).

Mais où peut finir la perversité humaine sous la conduite d'une telle raison? Il n'est pas possible de l'imaginer. Alors la stérilité se déclare dans le cœur et dans la pensée des peuples; et, en présence de la civilisation terrifiée, l'athéisme apparaît, dit un grand écrivain, « comme le squelette qui n'engendre pas. »

Dès ce moment, les hommes n'étant plus frères, c'est-à-dire fils du Père commun qui est au ciel, mais les produits similaires d'une transformation zoologique, l'amour fait place à une épidémie de mépris universel. En même temps, tous les rôles sociaux s'abaissent;

(1) *Essai sur l'indifférence.*

les médecins, suivant l'énergique expression de Dupuytren, deviennent des vétérinaires; les rois, les pasteurs d'un troupeau moins docile que les autres; le génie, une *névrose* d'animal savant; enfin le monde, une vaste exhibition d'histoire naturelle.

Heureusement, il est en nous, avec la tentation qui nous pousse dans ces abîmes, une force invincible qui nous relance vers les cieux, et ce providentiel *serre-frein* empêchera notre civilisation de retomber, des hauteurs du Calvaire où elle se transfigura, au-dessous du paganisme qui respectait les croyances que nous abjurons.

Jusque là, on pourrait dire que la France n'a point mérité d'expier par la Prusse des blasphèmes que la Prusse lui enseigna; mais cette allégation est moins vraie que spécieuse. Ce qui n'est, chez nos ennemis, que le péché des écoles est devenu, chez nous, le péché du peuple. Il y a un désordre plus grand en France que le radicalisme de nos négations, c'est l'extension, je pourrais dire l'impudeur, de leur propagande.

Au dix-huitième siècle, c'étaient les sommets de la société qui étaient travaillés par le scepticisme; aujourd'hui, c'est la base. Ce qui indique un mal plus grand qu'alors en surface comme en intensité.

En Allemagne, ce sont les professeurs qui s'escriment contre Dieu. En France, ce sont toutes les classes de la nation; et la dernière, par ordre de fortune et de culture, peut-être encore plus que les autres. Au delà du Rhin, le blasphème est resté dans le domaine de la transcendance; en deçà, il a les honneurs de la popularité. Il tient le haut bout dans les clubs, dans les journaux, dans les cafés, à l'atelier et jusque dans la tranchée. Sans doute, c'est le germanisme qui est le vrai père de la négation contemporaine ; mais c'est après qu'elle fut clarifiée par l'esprit français germanisé, que cette négation devint le poison de l'Europe.

Les premiers éclaireurs de l'Allemagne en France, ce ne sont point les uhlans ; ils se nommèrent Cousin, Vacherot, Quinet, Renan, Havet. Ce sont eux qui ont prussifié intellectuellement notre pays, avant que Bismark songeât à le dominer militairement. Ce sont eux qui ont fait des impiétés à la mode du pathos hégélien, en le passant au filtre de notre belle langue. Enfin, ce sont eux qui nous apprirent à penser à l'allemande, comme on trottait alors à l'anglaise et on dansait à l'espagnole.

Aussi, laissez passer l'Allemagne sur le corps endolori de la France ; en recevant ses coups, la France saura ce que vaut la sagesse de cette nation trop imitée par nous. En s'entendant reprocher par elle de n'avoir plus de Dieu, la France appréciera ces oracles de grande *Revue,* qui l'infectent d'athéisme depuis vingt ans au nom de l'Allemagne. Enfin, en comparant l'Allemagne séduisante et chimérique de nos auteurs, à l'Allemagne de Guillaume et du canon Krupp, la France ne sera plus dupe de ses *germanisants*, et traitera leurs chantages scientifiques comme une vraie désertion intellectuelle à l'ennemi. En d'autres termes, l'invasion des armées allemandes nous punit de nous être laissés envahir par les idées allemandes. Seulement, comme nous avons réduit en pain du peuple les blasphèmes qui demeurent un simple luxe philosophique d'outre-Rhin, Dieu jette aujourd'hui nos séducteurs contre nous, en attendant qu'il retourne leurs séductions contre eux.

Tout cela ne serait-il point digne de sa Providence? Eh! nul doute, d'abord, que si nous avions moins su ce qui se passait dans les universités, et mieux ce qui se disait dans les conseils de la Prusse, les Prussiens ne seraient point actuellement en France. Mais, en bonne philosophie de l'histoire, n'est-il point permis de penser que les négations de l'Allemagne ont ouvert chez nous la voie à ses armées, et que ses soldats n'eussent point franchi nos frontières, si elles ne s'étaient point déjà abaissées spontanément devant ses blasphèmes.

Ici, ne me dites point que la guerre ne saurait être une réponse aux négations de la France, puisqu'elle leur crée un problème de plus, et qu'elle n'éclaircit rien puisqu'elle embrouille tout. C'est votre avis, ce n'est point celui des juges moins émotionnés que vous. Si vous pensez ainsi, en effet, c'est que vous êtes malade. Défiez-vous des paroxismes de votre douleur.

Ce que nous endurons maintenant est un état violent, il faut savoir attendre. Les accès de fièvre ne durent pas toujours et les cauchemars passent avec les accès. Il y a, dans les souffrances, une période aiguë durant laquelle on envoie plus volontiers au ciel des plaintes que des prières. Puis, la détente se produit, les larmes viennent, Dieu réapparait. Toute blessure qui a saigné perd son irritation. C'est ainsi que le malheur fait des impies ou des saints, selon que les malheureux s'arrêtent à l'une ou à l'autre de ces stations.

La France est aujourd'hui à la première, c'est la phase de ses découragements, bientôt, elle montera à la seconde, ce sera l'heure de ses adorations.

D'ailleurs, vous qui niez peut-être ces choses théoriquement énoncées, ne fermez point les yeux à leur évidence pratique. Déjà, il y des signes de régénération à tous les points de notre horizon. On éprouve un noble étonnement d'être tombé si bas et un généreux désir de remonter ; on voit de beaux mépris de la vie et de la fortune, un élan de gloire, un essor de bon sens, qui annoncent la renaissance. Il se dit et il se fait des choses qui jettent un parfum d'espérance. Décidément la nation a fait son choix entre les chrétiens tels que Grancey, Dampierre et Charette tombant dans leur sang, et les athées de Belleville tombant dans l'ivresse et la débauche sous les balles de l'ennemi. Il n'y a que les blasphèmes qui finissent chez nous ; la France de saint Louis recommence toujours !

Ainsi le sentent, du reste, et le prédisent les voyants du rationalisme dans leurs heures lucides. Est-il possible de mieux exprimer qu'ils ne l'ont fait, le parti tiré par la Providence, au profit de la foi, des ruines, qu'amène l'incrédulité? Ecoutez ces accents prophétiques :

« Le matérialisme n'est pas le dernier mot du « genre humain ; corrompue et affaiblie la société « s'écroule dans d'immenses catastrophes : la herse de

« fer des révolutions brise les hommes comme les mottes d'un champ. Dans les sillons sanglants germent des générations nouvelles; les âmes éplorées croient de nouveau, elles regardent vers le ciel, elles retrouvent la langue de la prière, l'humanité se relève pour recommencer (1). »

(1) Schérer. *Mélanges de critique littéraire.*

---

§ 2

La Négation scientifique

Il est, dans la France contemporaine, une autorité surfaite en matière doctrinale, c'est cette catégorie d'hommes qu'on nomme *spécialistes*. Les études spéciales, c'est-à-dire celles qui mettent en jeu une aptitude particulière de l'intelligence sans paralyser les autres, sont conformes aux besoins de la nature. Au contraire, les études exclusives qui amassent une sorte de vie congestionnelle sur un point de l'esprit, en laissant le reste dans l'inertie, sont un développement anormal, une excroissance de vie intellectuelle ; aussi, tandis que la science spéciale fait les hommes éminents, la science exclusive produit les jugements faux.

La plupart des savants hostiles à la religion sont de cette dernière classe. Au lieu d'être des savants complets, tels que les grands adorateurs nommés Pascal, Descartes, Leibnitz, Newton, Cauchy, Ampère, Biot, ils sont des savants d'une seule branche ; justement comparés aux cyclopes qui n'avaient qu'un œil, et d'autant plus arrogants qu'ils mesurent leur outrecuidance à ce qu'ils savent sur un point donné, non à ce qu'ils ignorent sur tout le reste.

Cette catégorie de spécialistes est le fléau de la

France actuelle sous le rapport religieux. Juges étroits en cette matière, ils se cantonnent dans une impasse de la création, et ils nient toute la partie du ciel qui n'est pas visible au soupirail de leur laboratoire. Juges sans équilibre, ils ignorent que trop de surcharge d'un côté de leur cerveau, trop peu de l'autre, fait pencher l'assiette de leur jugement, et que la lumière elle-même, si elle n'est point répartie d'une manière normale à l'esprit, peut occasionner des effets d'obscurité.

Juges passionnés, ils suppriment arbitrairement et en bloc toutes les sciences conformatives de la religion, telles que la métaphysique, la psychologie, l'histoire évangélique, uniquement pour mettre la religion hors la science, même sans discussion préalable. Juges systématiques, ils ont entrepris de montrer l'universalité des choses à travers la lentille d'un microscope, et ils ne permettent pas à une vérité quelconque de ne point apparaître à l'étroit foyer de leur observatoire. Juges plus matériels encore que matérialistes, ils perdent, dans l'étude exclusive des réalités palpables, le sens du spiritualisme, et ils n'adhèrent qu'aux dogmes qui laissent un résidu au fond de leur cornue. Enfin, juges incompétents, ils ne soupçonnent pas que ce qui les éloigne de la foi, ce n'est point la science qu'ils ont de la nature, mais celle qu'ils n'ont pas de la religion. A ce point de vue, ils sont justiciables de cette parole de Montaigne : « Il advient aux véritables savants ce « qu'il advient aux espis de bled : ils vont s'élevant et « haussant la tête droite et fière, tant qu'ils sont vui-

« des, mais quand ils sont pleins et chargés de grains « en leur maturité, ils baissent les cornes (1). »

La France regorge de ces voyants; leur orgueil olympien est devenu proverbial en Europe. Du fond de leur cabinet, des hauteurs de leur chaire, derrière les balustres dorés de leurs bureaux, ils prouvent *mathématiquement* tout ce qui leur plaît : surtout qu'ils sont les premiers calculateurs, les premiers ingénieurs, les premiers capitaines du monde.

La Prusse est bien venue leur apprendre qu'il ne faut pas tant se fier à ses connaissances sur la carte des cieux, quand on ne sait pas même la carte de son pays, et qu'il est prudent d'admettre quelques réalités ignorées en religion, quand il existait naguère tant de réalités formidables au delà du Rhin, dont la science française n'avait pas le premier soupçon. Mais notre spécialiste ne change pas ses conclusions pour si peu, et il recommencera son cours de pédantes mystifications après la guerre, avec la même suffisance qu'avant..... si ce n'est avec le même crédit.

Voilà les vulgarisateurs de l'athéisme européen. Ils appartiennent à l'école de cet explorateur connu qui disait : « J'ai cherché Dieu dans toute la création et je ne l'ai pas trouvé. » Ils l'ont cherché, en effet, au télescope, à la sonde, à l'alambic, et Dieu ne leur ayant indiqué, ni la région astronomique qu'il habite, ni le sédiment géologique qu'il occupe, ni les éléments moléculaires qui le composent, ils l'ont mis au nombre

(1) *Essais*, liv. II, chap. 42.

des hypothèses. Et cela, en vertu de la plus audacieuse hypothèse, à savoir qu'il n'y a que de la matière dans le monde, parce qu'il le faut ainsi pour que les opérations de ces messieurs ne soient pas dérangées.

Quant à expliquer comment la matière, fermentant dans les eaux de quelque antique déluge, produisit les germes destinés à devenir le génie de Bossuet, le cœur de saint Vincent-de-Paul, l'âme ou la moralité de Jésus-Christ, le spécialiste ne se détourne pas pour répondre à de si petites difficultés. Le fait pour lui le plus indubitable et le plus heureux, c'est que, encore quelques années, et il n'y aura plus de bon Dieu..... pour les Français, parce que la science ne l'a pas analysé.

Le plus triste de cette situation doctrinale, c'est que des sectes politiques ont pris à leur compte les blasphèmes du spécialisme contemporain. Une solidarité infernale s'est établie entre la démagogie et l'athéisme : la démagogie se chargeant d'organiser socialement l'athéisme, et celui-ci de fournir des recrues à la démagogie. D'un côté, on voit des monomanes de laboratoire déclarant l'humanité incapable de raisonner tant qu'elle adorera ; de l'autre, ce sont des rêveurs de la République universelle, qui la proclament impossible tant que Dieu règnera.

Par suite de cette communauté d'intérêts, savants et tribuns, se sont fédéralisés pour escalader l'Olympe à la façon des Titans, et faire le vide dans le ciel comme ils l'ont fait aux Tuileries.

L'Europe attentive à ce spectacle, l'a considéré, tour

à tour, avec pitié et indignation. La France, intéressée de plus près à la représentation, en a reçu les germes d'une dépravation intellectuelle sans précédent, et nous qui assistons avec les douleurs de l'agonie à l'abaissement de notre pays ; nous qui donnerions mille fois notre vie pour son triomphe, nous sommes désolé en pensant que peut-être ce triomphe nous sera refusé, parce que s'il était exploité par les docteurs et par les législateurs de l'athéisme, la victoire de la France serait la défaite de Dieu.

Ce qu'il y a de plus révoltant dans notre attitude scientifique vis-à-vis de la foi, c'est qu'elle témoigne d'une légèreté inouïe, et que nos blasphèmes ne sont explicables, chez les uns que par un vrai prodige d'ignorance, chez les autres que par le coupable parti pris d'abuser de la science contre Dieu. J'en appelle à tout esprit sincère qui a feuilleté le dossier de la partie adverse : aucune science n'a de vraies certitudes à nous opposer. Aucune découverte authentique n'est inconciliable avec la religion. Aucun progrès réel ne contredit à la saine orthodoxie. Souvent les apologistes ont montré l'accord des vérités révélées avec les vérités découvertes, de celles que Dieu nous a octroyées avec celles que nous avons conquises, « la nature et l'Ecriture étant deux paroles de Dieu qui ne sauraient se contredire » ; mais supposé que ce terrain ne pût être défendu, nous serions toujours invincibles sur celui-ci : aucune certitude scientifique n'est incompatible avec une certitude dogmatique.

Tout homme qui s'avance au delà, en effet, prouve

très peu en faveur de sa science et beaucoup contre sa gravité. Son scepticisme vient de sa nature intellectuelle ou morale, non de l'étendue de ses connaissances. En d'autres termes, il doute comme homme, non comme savant; et ce qui en est la preuve, c'est que de plus savants que lui ne doutent pas.

Aussi un peuple qui, dans cet état de la question religieuse, assume devant le monde la responsabilité de la négative absolue, et s'en fait dans ses livres, dans ses journaux, dans ses académies, dans ses institutions le propagateur officiel, ce peuple brave le ciel et n'en peut attendre que des redressements vengeurs. C'est la criminelle mission que nous nous étions donnée, et nous recevons la justice qui nous était due. Ne nous abusons pas, en effet, sur les influences que nous exerçons.

Grâce à notre double apostolat de la science à l'usage des salons et du matérialisme révolutionnaire, le culte du néant s'est répandu. Une lutte gigantesque se prépare, entre le parti de ceux qui croient en Dieu et le parti de ceux qui n'en veulent pas; le choc sera immense comme les intérêts en question. Pendant ce conflit, bon nombre de combattants seront *étouffés dans la boue.* Mais, si j'en juge par l'attitude des athées au champ d'honneur, ce ne sera pas nous qui périrons d'une telle mort; et c'est pour en préserver la France entière que Dieu la régénère dans le sang.

Je n'oublie pas le rôle qu'ont joué, dans l'histoire de la négation contemporaine, les patriarches allemands de l'athéisme idéaliste, tels que Kant, Fitche, Hégel, et ceux de l'athéisme matérialiste, tels que Schopenhaüer, Feuerbach, Bruno Baüer, Max Stirner, Arnold Ruge, Moleschott; mais l'Allemagne est à la fois la patrie des esprits audacieux et des bonnes âmes. Aussi les premiers de ces coryphées ont été traités par la foule de *charlatans d'Idéologie*, et les seconds dominent à peine sur quelques chaires d'Université. En preuve, allez au delà du Rhin un dimanche : regardez ce peuple sous ses vêtements de fête ou en prière au sein de ses temples : quel parfum de moyen âge dans ses mœurs! quelle différence entre son respect religieux et nos orgies de barrière à pareil jour! N'ai-je pas ouï dire que les Prussiens catholiques remplissent quelquefois, dans nos départements envahis, les églises où nos catholiques français ne mettent point le pied!

Ayons donc la magnanimité de cette justice envers nous-même : nous sommes coupables et très-coupables contre la foi de notre baptême. Les blasphèmes qui ont passé en Allemagne sur la tête des masses, y ont pénétré chez nous. La négation de M. Renan qui n'est qu'un plagiat, a fait plus de bruit en France que n'en ont fait en Allemagne tous les auteurs dont il était le plagiaire.

Encouragée par cette complicité de la foule, notre philosophie a rompu avec la tradition spiritualiste de Cousin et de Collard, pour renouer avec Condillac, Broussais et Cabanis. La direction du mouvement négatif a passé de l'Ecole normale à l'Ecole de médecine. Les idées morales ont fait place à la dissection anatomique et à la physiologie animale. Enfin, le peuple lui-même nourri d'athéisme, commence de jouer avec la justice éternelle sur les bords de la tombe, et il s'est produit un débordement d'incrédulité qui ferait désespérer de l'avenir, s'il n'en était de ce limon comme de celui des fleuves : il féconde après avoir ravagé.

Malgré la répugnance que j'y ai, je dois fournir la preuve de ce crime national. Il faut montrer la France, dans les divers domaines scientifiques, falsifiant la science pour lui faire rendre témoignage contre Dieu.

A cette fin, suivons-la du centre de la terre jusqu'aux étoiles : à tous les étages de la création nous la trouverons jetant des insultes au créateur, et rien de plus effrayant que cette synthèse de l'athéisme, si ce n'est le compte sévère qui nous en est demandé.

Nous avons corrompu d'abord la cosmogonie, en remplaçant la lumineuse parole : *Au commencement Dieu créa le ciel et la terre*, par ces deux facteurs éternels : la force et la matière ; et en substituant au mystère de la création *ex nihilo*, l'impossibilité d'une création qui s'est faite toute seule. C'est-à-dire que pour déposséder Dieu de la gloire de ses œuvres, nous en avons doté le néant, au risque de laisser par là, sans explication, l'homme, le monde et le devoir.

Nous avons corrompu la géologie, en faisant de la genèse de notre globe un thème d'objections gratuites contre la foi, et refusant de voir que, ni la formation ni les transformations de la terre scientifiquement établies, ne sont inconciliables avec aucune révélation théologiquement entendue.

Nous avons corrompu l'astronomie ou l'étude de tous les globes compris dans l'espace sidéral ; et cela, tantôt par voie exégétique, en affirmant des oppositions fausses entre la cosmogonie des Ecritures et la science des astres; tantôt par voie philosophique, en créant des incompatibilités chimériques entre certaines de nos croyances et les théories d'une astronomie purement romanesque.

Nous avons corrompu la biologie ou la première science traitant des phénomènes organiques. Quand l'homme s'est demandé comment naquirent les mondes, en effet, il est amené à examiner comment naquit la vie au sein des mondes. Eh bien ! à cette question, la vraie science répond : par une action directe ou indirecte de Dieu ; mais notre hétérogénie matérialiste a répondu : par un travail spontané des forces physico-chimiques. En telle sorte, que Dieu a été ainsi déshérité de sa paternité universelle, en dépit du simple bon sens qui disait : les générations spontanées ne sont pas prouvées ; et le fussent-elles, cela ne prouveraient rien contre la foi.

Nous avons corrompu la paléontologie, en faisant de cette science un chronomètre certain de l'ère antéhistorique, tandis qu'elle ne l'est pas ; une sorte de livre à pagination régulière, tandis qu'elle est souvent intervertie ; enfin, une pièce de conviction contre l'organisation de la terre telle qu'elle est racontée par la Bible, tandis que tous les phénomènes de fossilisation peuvent être placés, sans préjudice pour l'autorité de la Bible, soit avant, soit pendant, soit après la semaine génésiaque.

Nous avons corrompu l'anthropologie concernant l'origine de l'homme, en regardant l'homme, non comme le chef-d'œuvre d'une création particulière, mais comme le produit des énergies transformantes de la matière; en méconnaissant les preuves irréfutables de la fixité et de l'immutabilité des espèces, pour avoir un prétexte de nous faire une généalogie simienne; enfin, en caressant les rêves de Lamark et les systématiques combinaisons de Darwin sur les développements spontanés de la vie organique, uniquement pour avoir l'avantage de proclamer qu'au lieu de venir de Dieu, nous procédons des anthropoïdes.

Nous avons corrompu l'anthropologie concernant la constitution de l'homme, affectant de ne voir dans l'homme qu'*une âme animale renforcée*, et dans l'histoire de l'humanité que *des jeux d'automate à deux bras, courant sur deux jambes et se décomposant en atômes chimiques, pour se combiner de nouveau* (1). Criminel suicide de notre part, par lequel nous nous donnons quelque chose de pire que la mort, une vie de brute; et cela, malgré la supériorité hors ligne, de structure anatomique, d'intelligence et de moralité qui établit, de nous au singe, plus que la séparation de deux échelons de la même série, celle de deux règnes différents.

Nous avons corrompu l'anthropologie relative à

(1) Rodolphe Wagner.

l'unité de l'espèce humaine, en donnant pour ancêtres à celle-ci, au lieu d'un seul couple, autant de premiers parents qu'il y a de races diverses; par conséquent, fermant les yeux sur les similitudes généalogiques, psychologiques et organiques communes à tous les hommes pour les déshériter du titre d'enfants d'Adam, et abusant de quelques apparences trompeuses, mais non concluantes, en faveur d'une thèse polynégiste qui renverserait le christianisme, si elle n'était renversée elle-même par le vrai savoir.

Nous avons corrompu l'anthropologie touchant l'antiquité de l'espèce humaine, parce que nous avons voulu voir dans les ossements humains, dans les vestiges d'industrie humaine et dans les restes des espèces animales appartenant à la période préhistorique, des preuves contre les computs bibliques, alors que, ni chronologiquement, ni scientifiquement, ni dogmatiquement, la religion n'est engagée dans le débat archéo-géologique.

Nous avons corrompu la science de la physiologie cérébrale, niant, sous prétexte d'organicisme, la spiritualité d'un moi qui, par son unité, par son immutabilité, par sa liberté, par ses maladies même, montre qu'il ne peut être identique à la substance du cerveau, et osant présenter tantôt le poids, tantôt le volume, tantôt la forme, tantôt la composition chimique de l'appareil encéphalique, comme la vraie cause de l'âme.

Passant de la science du monde et de celle de l'homme à la science des peuples, nous l'avons corrompue dans sa chronologie, et nous nous sommes complu à gratifier les Indous, les Chinois et les Egyptiens de l'antiquité la plus chimérique, uniquement pour dépouiller Moïse et les Hébreux du droit d'aînesse qui leur appartient.

Nous l'avons corrompue dans la philologie, en enseignant que les diverses souches de langues doivent répondre à diverses souches humaines, et, par là, contredisent à l'unité de notre espèce, tandis que les trois types fondamentaux : le chinois, l'arien et le sémitique sont réductibles à une même tige primordiale.

Enfin, nous l'avons corrompue dans ses études orientales, envisageant les coutumes, les antiquités, les littératures de l'Orient comme des démentis jetés à notre tradition, alors que, pour la science mieux informée, ces découvertes sont fécondes en confirmations apologétiques.

Ai-je terminé la série de nos blasphèmes et de nos ébranlements en matière doctrinale? Je ne sais; car je suis assourdi de toutes les inepties que j'ai entendues, et aussi de tous les scandales que nous avons donnés, sous prétexte d'enseignement scientifique (1).

Ensuite, rappelons-nous cette facilité de nos savants à déduire de l'inconnu des conclusions hostiles à la foi qu'elle peut détourner à son profit; à tirer de certaines opinions scientifiques, inoffensives en soi pour la religion, des conséquences offensives qu'elles ne

(1) Pour la réfutation de ces systèmes, voir *Le Bon sens de la foi*, tom. II, 3me partie.

renferment pas; à opposer collectivement à la vérité des théories sans autorité collective, puisque souvent elles se contredisent; à professer une confiance aveugle aux hypothèses de l'ère antéhistorique et d'aveugles préventions contre les certitudes de l'ère évangélique; enfin, remarquez que, tandis que la foi propose, à tout instant, des concordats entre elle et les sciences de la nature, celles-ci s'appliquent à creuser de plus en plus un fossé infranchissable entre elles et la foi, et quand vous aurez supputé la somme d'orgueil, d'injustices, de mensonges et de démoralisation que ce travail représente, je vous défie de ne pas comprendre les fléaux qui nous sont envoyés.

Sans doute, quand Dieu tonne pour la défense de sa vérité, il n'en fait pas une démonstration mathématique; mais Dieu a un moyen plus court que la démonstration pour rentrer dans les intelligences d'où il est banni : c'est la désolation. Les larmes qui obscurcissent d'abord le regard, le purifient; la rencontre foudroyante de la justice divine avec la malice des peuples produit un éclair qui déchire les ténèbres, et le malheur devient pour eux une lumière, en vertu de cette divine économie. *Seigneur, vous m'avez châtié et j'ai été instruit* (1).

Attendez ce résultat, non comme un miracle de l'action providentielle, mais comme l'effet d'une loi naturelle mille fois exécutée sous nos yeux. Les âmes ont cela de commun avec la terre, elles ont besoin d'être

(1) Jérémie, 31-18.

bouleversées pour être fécondées. La terre est travaillée en hiver et ne produit qu'en automne. Ainsi, *nous nous en allons aujourd'hui, arrosant notre sillon de larmes, mais une grande exultation nous est réservée quand nous tiendrons les gerbes dans nos mains* (1).

Pour mériter cette moisson, il faut que dans les écoles, dans les salons, dans la presse nous cessions d'être cette génération légère, affirmant en matière scientifique ce qu'elle ne sait pas, et altérant le peu qu'elle sait au détriment de la foi et de la moralité du peuple. Il faut que nous devenions respectueux pour la vérité religieuse, puisqu'en bonne conscience nous n'avons pas d'objection de poids égal à lui opposer. Il faut enfin que la science confesse ses ignorances et ses erreurs, et qu'elle abaisse son intolérable superbe dans ces sublimes sentiments de Kepler, venant de terminer un chef-d'œuvre sur l'astronomie :

« Avant de quitter cette table, sur laquelle j'ai fait « toutes mes recherches, il ne me reste plus qu'à lever « les mains et les yeux vers le Ciel et à adresser mon « humble prière à l'Auteur de toute lumière. O toi, « qui par les lumières que tu as répandues sur la « nature, élèves nos désirs jusqu'à la divine lumière « de ta grâce, afin que nous soyons un jour trans- « portés dans la lumière éternelle de ta gloire, je « te rends grâces, Seigneur et Créateur, de toutes les « joies que j'ai éprouvées, dans les extases où me jette

(1) Ps. 125-6.

« la contemplation de l'œuvre de tes mains. Voilà que « j'ai composé ce livre qui contient la somme de mes « travaux, pour proclamer devant les hommes la gran- « deur de tes œuvres ; ne me suis-je point laissé aller « aux séductions de la présomption, en présence de « leurs beautés admirables? Autant que les bornes de « mon esprit m'ont permis d'en embrasser l'étendue « infinie, je me suis efforcé de les connaître aussi par- « faitement que possible, et s'il m'était échappé quel- « que chose d'indigne de toi, fais-le moi connaître, « afin que je puisse l'effacer (1). »

(1) Kengsterberg ēv. Kirchen-zig. 1830, p. 411.

ÉPILOGUE

LA PRUSSE

N'écartons aucune pièce du dossier, dans le procès actuellement pendant entre la Providence et notre pays. L'état de la France, nous l'avons constaté, justifie les rigueurs de la Providence envers nous. L'état de la Prusse les explique aussi, sans lui donner, néanmoins, raison définitive, ni contre nos immortelles destinées qu'elle jalouse, ni contre les droits sacrés dont elle fait litière.

Nous faut-il, en effet, prendre à jamais le deuil de notre suprématie en Europe? Est-il vrai que *les gestes de Dieu* ne seront plus accomplis par les Francs, mais par les Germains? Le Rhin serait-il supprimé par les rois de Prusse, comme les Pyrénées le furent jadis par Louis XIV? Bien insensé qui se berce ou qui s'effraye d une telle perspective. Notre rivale n'a que des avantages de circonstance sur nous. Ils ont suffi pour déterminer sa fortune du moment, ils ne suffiront pas à la perpétuer. Quelques-uns de ces avantages doivent même se retourner contre elle par le laps de temps, parce qu'ils résultent d'institutions menacées, à courte échéance, de profonds remaniements.

Contraste singulier ! La Prusse est une puissance nouvelle régie par des institutions anciennes. Celles-ci, en tombant, communiqueront un ébranlement inévitable à celle-là. La France, au contraire, est une puissance ancienne en travail d'institutions nouvelles : la jeunesse des dernières rejaillira sur la nation. A ce point de vue, la Prusse m'apparaît comme une personne âgée qui en renverse une plus jeune, parce qu'elle la surprend dans la maladie ou dans l'ivresse, et qui voudrait la réduire aux abois pour être dispensée de lui accorder la revanche. Mais laissez la seconde traverser son épreuve, elle reprendra le dessus avec tous les avantages de la virilité durable sur les paroxismes d'une énergie éphémère.

Tout le monde le sait, quand les dernières guerres ont éclaté, une expansion d'esprit libéral, en Prusse, menaçait de faire éclater la machine politique de M. de Bismark. Il a ouvert la soupape du côté de l'extérieur, et, depuis, sa machine est redevenue docile. Mais les Allemands qui s'entendent si bien contre nous, ne s'accordent point entre eux. Leur seul lien commun est la haine de l'étranger ; car une foule de *particularismes* les divisent dans la mère patrie, et une foule de partis dans chaque État de cette patrie. Aussi les comptes de la Prusse avec la Révolution sont ajournés, non apurés. Un jour ce despotisme rapace et cafard, appelé, du nom de ses représentants, le *Frédéricianisme*, sera mis en demeure de cesser ses usurpations chez les voisins, et de payer sa dette à la dignité de ses peuples; alors, la liberté vengera l'honneur des armes françaises à Berlin, si les armes françaises ne se sont déjà vengées elles-mêmes.

Ce serait une erreur de croire que nos défaites présentes ne sont pas plus favorables à un prochain réveil de la grandeur nationale, que la prolongation de nos illusions passées. La Prusse est un exemple frappant du profit que les nations peuvent tirer de leurs revers. On l'a dit avec raison : « Pour qu'elle devînt ce qu'elle est, il lui fallait des malheurs, et ils ne lui ont pas manqué. Au commencement de ce siècle, sa royauté livrée à des intrigues de cour et infatuée des souvenirs du grand Frédéric, tenta contre nous une audacieuse aventure. Ce fut assez d'une bataille pour la lui faire expier. Après Iéna, elle se trouva sans armée, n'ayant plus dans la main que la moitié d'une épée, en proie à l'épouvante, voyant ses forteresses se rendre l'une après l'autre sans coup férir, et ses peuples à terre sous le genou du vainqueur. Ce fut comme un écroulement, comme une banqueroute. »

« La paix de Tilsitt lui ôta ses provinces polonaises, Dantzig, tous ses territoires compris entre l'Elbe et le Rhin. De dix millions de sujets, elle était réduite à cinq. Il lui était défendu d'entretenir plus de 42,000 hommes sous les drapeaux. Elle avait à payer d'écrasantes contributions; on pouvait croire que c'en était fait de la Prusse... Cependant, le jour de sa défaite fut le commencement de sa vraie grandeur. Iéna lui rapporta plus encore que toutes les victoires du grand

Frédéric. Il n'est pas à craindre qu'elle oublie les noms de Stein, de Scharnhost, de Hardenberg, et de tant d'autres, qui lui donnèrent alors ce qui lui manquait encore : les vertus civiques (1). »

Telles sont les lois qui président au rajeunissement des peuples. La Prusse est devenue forte pour avoir été vaincue ; la France est vaincue pour s'être crue invincible. Que la France, après avoir gaspillé sa gloire, utilise son infortune. Qu'elle remplace dans les rangs sa *furia* proverbiale par la discipline, ses qualités électriques par la solidité, son dilettantisme guerrier par l'étude approfondie de l'art de la guerre, il lui faudra bien moins de temps qu'à la Prusse pour laver les affronts qu'elle vient de recevoir. Déjà notre résistance improvisée depuis cinq mois est un prodige plus glorieux que beaucoup de nos anciennes victoires. Que seront nos représailles conçues dans toute la réflexion et toute la puissance du génie national, fécondé par cet engrais mystérieux dont parle de Maistre, le sang de toute une génération.

Comme on le voit, je ne suis pas du nombre de ces pessimistes qui confondent une crise, un évanouissement du pays avec son agonie. Si la France est tombée, elle rebondira d'une hauteur proportionnée au choc qui la renversa. D'autre part, si aujourd'hui, comme après Rosbach, la Prusse est le scandale des nations

(1) Toutes les citations anonymes de cet épilogue sont empruntées à M. V. Cherbuliez, dans son remarquable travail intitulé : *La Prusse et l'Allemagne*. L'auteur étant de nationalité suisse, son témoignage n'est point suspect de partialité.

européennes, nous savons de quelle manière se terminent ces saturnales de la force. La Prusse, du reste, semble pressentir, dans le lointain, quelque formidable Iéna. Elle est tellement effrayée de son crime contre nous, qu'elle voudrait exterminer sa victime pour n'avoir plus à compter avec elle. Mais la victime restera, et Dieu aussi, pour faire justice des bourreaux. Je prends le ciel à témoin de ma profonde horreur pour la guerre; toutefois si l'Europe, pour n'avoir pas mis une fin honnête à celle-ci, mérite de voir pire, qu'elle s'en prenne à elle-même d'un mal qu'elle rendit nécessaire et des ébranlements que je prévois. Alors la France secouera, comme Sanson, les colonnes de l'édifice européen, et tant pis pour les Philistins qui auront provoqué le géant, s'ils sont écrasés sous les ruines!

Il ressort de cette déclaration, que nous ne désertons point ici philosophiquement à l'ennemi. Il est vrai que nous mettons au-dessus des frontières nationales l'humanité, et, au-dessus de l'humanité, la justice; mais nous ne sommes prussophile que dans la mesure prescrite par l'Évangile. Nous avons donc quelque droit d'être cru, si nous affirmons que la situation actuelle de la Prusse lui garantissait, par avance, quelques avantages contre nous. Pour la valeur morale, comme sous le rapport géologique, la France est incomparablement au-dessus de sa rivale; cependant, de même que, par accident, la Touraine peut être moins fertile que la Poméranie, de même un peuple supérieur peut, à raison de circonstances exceptionnelles, se trouver au-dessous d'un autre qui lui est inférieur. C'est ce qui est arrivé à la France quand elle a déclaré la guerre, et ce que nous allons montrer pour la justification de la Providence, en esquissant la physionomie morale, sociale et doctrinale de la Prusse contemporaine.

---

§ 1

La Prusse sous le rapport moral.

En politique, la moralité des sept rois de Prusse peut se réduire à cette règle de conduite tracée par le grand Frédéric à son ministre Podewils : *S'il y a à gagner d'être honnête homme, nous le serons ; et s'il faut duper, soyons fourbes.* On prétend que le nom de famille de ces princes, Hohenzollern, signifie en allemand : *fort douanier, exacteur d'impôts :* impossible d'imaginer un baptême plus prophétique et une désignation mieux justifiée. Leur probité, depuis cent et quelques années qu'on parle d'eux comme rois en Europe, fut à peu près celle des oiseaux de proie. Les Burgraves du Rhin, au moyen âge, étaient des types de délicatesse en comparaison. Leur aigle a quelque chose de la pie, dont les griffes accrochent instinctivement le bien d'autrui.

Grands parleurs de conscience, d'ailleurs, ces princes finissent toujours par mettre leur conscience, ainsi qu'une ceinture élastique, à la mesure de leurs intérêts. Ils ont des intelligences particulières avec le ciel, pour lui faire ratifier leurs ambitions et leurs rapines ; ils s'abouchent avec Dieu, au besoin, pour en obtenir la canonisation des soudards ; et, alors, il faut les voir piétiner dans les champs, dans les coffres, et dans le sang de leurs ennemis, avec les pleins pouvoirs du Saint-Esprit !

« Le vrai fondateur de la monarchie prussienne, Frédéric-Guillaume, le grand électeur, employa à son œuvre une rouerie de maquignon. Très-dévot, au demeurant, et s'enfermant dans son oratoire pour consulter Dieu, qui lui conseillait de signer à Labiau un traité d'alliance avec le Suédois contre la Pologne, et, dix mois plus tard, de signer à Wélau un traité d'alliance avec la Pologne contre le Suédois, c'est-à-dire, quelque jeu qu'il jouât, de gagner toujours !

« Les rois de Prusse, disait Saint-Simon, sont, de tous les princes de l'Europe, les plus attentifs à leur agrandissement, et ce n'est pas sur le trône des Hohenzollern qu'il faut chercher le type du conquérant malgré lui. La fortune ne leur pourra jamais reprocher de s'être refusés aux occasions qu'elle leur offrait, et, si elle les aime, ils le lui rendent bien. Frédéric II faisait profession d'adorer Sa Majesté Sacrée le Hasard. Ses successeurs n'ont jamais distingué la Fortune de la Providence. Race étrange, raide d'allures, mais souple d'esprit, au cœur pieux, aux mains *prenantes*. Où trouver cette bizarre combinaison d'un esprit froidement positif avec un mysticisme qui voit Dieu partout, surtout dans les affaires prussiennes, et qui n'entreprend rien sans le mettre de part ? Croire à sa mission est une manière vraiment royale de se débarrasser de ses scrupules. »

Au reste, voilà une façon royale de se mettre à

l'aise, pratiquée par toute la nation. On sait qu'elle n'a point exécuté l'article 5 de la paix fourbue conclue à Prague, par lequel elle s'engageait à rétrocéder au Danemark les districts du nord du Slewig. Toutes les fois que les réclamations danoises ont été portées au Parlement prussien, comment y furent-elles accueillies? Par la plus vive hilarité. « C'est une chose des plus comiques, pour ces députés, que 200,000 Danois qui croient pouvoir en appeler au bon droit. Invoquer des traités contre la Prusse leur paraît une naïveté si bouffonne, que c'est à qui en fera les gorges chaudes. »

Rien de plus piquant que le sans façon vraiment punique de ce peuple et de ses rois, dans la manière de régler leurs comptes avec l'étranger. Formés par ce principe du *Frédéricianisme,* qu'en politique la seule morale c'est le succès, ils sont gourmés et formalistes dans la vie privée; personnels, cauteleux, et déloyaux jusqu'au cynisme, dans la vie publique. Il faut avoir des intérêts à débattre avec M. de Bismark, pour comprendre le sens de ce proverbe : « Querelle d'Allemand ! » Jusqu'à présent, très-peu de Français connaissaient l'allemand, mais presque aucun ne connaissait l'Allemagne et ne soupçonnait ce qu'il pouvait y avoir d'âpreté, de hauteur et de profonde astuce sous cette bonhomie flegmatique.

En 1866, le timoré monarque de Berlin s'annexe le Hanôvre, uniquement par pitié pour ce pays qui appelait à grands cris les bienfaits de la domination prussienne! En 1871, il veut s'approprier une partie de la

France, uniquement pour l'empêcher de troubler la limpidité de ses eaux. Bientôt il réclamera des dommages... pour ses frais de bombardement de Paris. S'il osait, il déclarerait tous les Français morts et vivants coupables de haute trahison, pour s'être défendus contre ses armées; et quand ce lazzarone couronné, qui guettait notre patrie du fond de ses forêts de sapin depuis Iéna, lui a pris la bourse et presque la vie, il n'est pas encore content si elle ne le remercie point par-dessus le marché.

Tout ceci était nécessaire à dire avant de signaler à la France les côtés bons à imiter de la moralité germanique. En matière d'orgueil, la Prusse n'a point d'égale au monde. Nous ne sommes que des enfants vaniteux à côté de cette rogue de gentillâtres campagnards et de cette superbe de Titans. L'orgueil que Dieu pardonne le moins à l'homme, c'est celui de ses vertus : la Prusse s'est enivrée de cet encens brûlé par elle-même en son honneur. Elle exerce ses brigandages entourée d'une auréole de sainte qu'elle passe modestement par-dessus son casque de guerre. Elle rappelle ces chefs de secte qui étaient ivrognes, égorgeurs et libertins, avec le privilége de l'impeccabilité et de la confirmation en grâce. Enfin, elle fait servir Dieu lui-même d'escabeau à sa gloire : Dieu ne restera pas ainsi sous les pieds de cette puissance insolente et il la mettra sous les siens.

Mais, une fois ce devoir de justice rempli envers les deux peuples, combien de choses utiles n'avons-nous pas à étudier de l'autre côté du Rhin ! Malheureusement, de même que les Allemands n'ont guère pris que nos modes à Paris, nous n'avons pris chez les Allemands que leur philosophie. Et cependant, que d'emprunts moins dangereux à leur faire et que de secrets plus importants à leur surprendre!

Si en Prusse l'orgueil déborde, il faut reconnaître que la plaie d'argent est moins étendue que chez nous. Comme le sol est pauvre, les habitants sont économes, les capitaux sont moins abondants; la seule spéculation possible est le travail. De là, une foule de corruptions et de périls écartés; une foule de virilités et d'énergies accumulées par la vie austère dans les veines de la nation. Le seul trésor qui constitue la réserve pécuniaire de la Prusse, c'est la somme nécessaire aux frais de la prochaine guerre. « Quand les princes veulent la guerre, écrit le grand Frédéric, ils la commencent d'abord; puis ils font venir un laborieux savant qui en démontre la justice. » Or, pour payer cette guerre et ce savant, il faudra des fonds préparés à l'avance : c'est le principal objet des prévoyances prussiennes.

« Le métier de roi en Prusse est considéré comme l'art de tirer des hommes tout ce qu'ils peuvent donner sans les excéder, et de tenir les sources de la richesse publique toujours ouvertes sans jamais les tarir. Frédéric II s'occupait beaucoup de l'élève du mouton; il fit venir des béliers d'Espagne pour améliorer l'espèce. Il s'occupait plus encore de l'élève de l'homme : c'était son art de prédilection. Il disait que les petits États peuvent se soutenir contre les grandes monarchies, lorsqu'ils ont beaucoup d'ordre dans les affaires. Pour faire jouer à son petit État le rôle d'une grande puissance, la royauté prussienne s'efforça d'apprendre à ses sujets deux grandes choses : le travail qui supplée à la richesse, et la discipline qui supplée à la force.

« Vous autres, habitants de Francfort et des contrées où croît la vigne, vous êtes plus riches que nous, s'écriait un député prussien dans le *Reichstag*, et, pourtant, sur notre sol stérile et dur à cultiver, on a vu pousser et grandir l'arbre qui couvrira un jour l'Allemagne de son ombre. Notre pauvreté a su trouver les ressources nécessaires pour créer la grande patrie. La richesse de la Prusse, en effet, consiste dans le travail de l'homme sur une terre ingrate. Rien ne ressemble moins à la plantureuse Bavière, au riant Wurtemberg, que ce triste Brandebourg, surnommé autrefois la Sablonnière de l'Empire. Aucun pays n'a été moins gâté du ciel que la Prusse, ce pays de seigle et de sapins.

« Les mornes sévérités d'un climat dur et capricieux, les tristesses d'un ciel gris, les rudesses d'un hiver de huit mois, des oasis perdues dans des steppes arides, des eaux dormantes, des rivières immobiles, une végétation rachitique, voilà ce que la nature a fait pour les Prussiens. Cette grande plaine que parcourent l'Elbe, l'Oder, la Vistule, et qui est une Russie commencée, est grave et triste comme la mer dont elle rappelle souvent l'image. Elle est fertile sur les bords des fleuves ; dans l'intérieur, une culture maigre se développe, çà et là, au milieu des éclaircies des forêts de sapins ; et si quelquefois elle présente le spectacle de l'abondance, c'est lorsque de nombreux bestiaux en ont engraissé le sol. Mais telle est la puissance de l'économie, de la persévérance, du courage, que dans ces sables s'est formé un État de premier ordre, sinon riche, du moins aisé.

« La somme de volonté qu'il a fallu dépenser pour créer la Prusse est incalculable. La nature refusait tout ; on a dû forcer ses résistances, tout arracher à son avarice, engager avec ses sournoises perfidies une lutte incessante et séculaire, la vaincre à force de travail et d'épargnes. Peut-on en vouloir aux Prussiens de ce je ne sais quoi d'âpre et de dur qui est en eux, de ce goût d'empiéter qui inquiète et moleste le voisin, de leur *ingénérosité* envers les petits? Les mains qui travaillent deviennent calleuses, et les cœurs habitués à l'effort deviennent incléments.

« La Prusse pourrait écrire sur sa porte : « Ici l'on travaille et l'on sait obéir. » Elle pourrait ajouter à cette enseigne la maxime du grand Frédéric : « L'honnête médiocrité convient le mieux aux États ; les richesses y portent la mollesse et la corruption. »

Voilà une supériorité de la Prusse bien autrement redoutable pour nous que celle de son artillerie. Dans un an, nous pouvons fondre des canons du calibre des siens ; mais il faut bien autrement de temps pour retremper des caractères ! Au commencement de la campagne actuelle nous précomptions, comme une de nos meilleures chances, nos avantages financiers ; ils étaient un de nos périls. Si l'argent est le nerf de la guerre, des soldats accoutumés à s'en passer sont les instruments certains de la victoire. La Bourse dans un pays est bien loin d'être une citadelle. C'est là, cependant, que nous nous sommes affaiblis en ramassant de l'or, tandis que nos ennemis forgeaient du fer. Rien de plus banal que le classique exemple de Rome, emportant dans son sein la mort avec les richesses du sac de Carthage. Nous, rebelles à tous les enseignements traditionnels, nous avons prétendu refaire la philosophie de l'histoire, en nous sauvant par où les autres peuples se sont perdus. Les hobereaux de Poméranie sont venus nous apprendre que les millions n'auront jamais droit de prescription contre les lois de l'éternelle vérité.

Au point de vue du sensualisme, la Prusse nous fournit aussi des particularités bonnes à étudier ; mais constatons, auparavant, qu'elle pose vainement en vestale immaculée sous les yeux de l'Europe. Nous connaissons le passé de cette prude luthérienne. Sa cour, sous le descendant immédiat du grand Frédéric, mérita d'être appelée par nos hommes d'État : « Une purulence qui ne peut encore être opérée parce qu'elle n'est point à maturité. » Nous connaissons son présent : ses princes et ses seigneurs sont venus se dégorger, dans les bas-fonds de Paris, d'une corruption qui ne donne pas haute opinion des tempéraments qui l'engendrèrent. Enfin, nous connaissons de réputation certains produits de sa littérature érotique : si chez nous le sel français préserve cette pourriture de l'infection, on dit, qu'en Allemagne, il faut se boucher le nez quand on entre dans ces cloaques pour n'être pas écœuré. Donc, que les Germains n'affectent pas de vertueux scandales à propos de la mollesse des Francs. Après avoir fait justice de nos vices, j'ai le droit de le dire : Si l'Allemagne, avec l'avidité gloutonne qui la distingue, avait notre abondance à dévorer, nos vins à boire, et les rayons de notre soleil pour mettre le tout en fermentation dans ses veines, l'Allemagne tomberait sous la table du festin et ne s'en relèverait pas. Grâce à Dieu nous sommes encore debout, parce que nous n'avons été que sensuels, tandis qu'elle est grossière dans l'épicuréisme.

Mais ces restrictions étant mises à mes assertions, on peut dire qu'en Allemagne la corruption des esprits est plus limitée que chez nous. « Si ce peuple n'a pas les rapidités d'une intelligence primesautière, ni cette finesse de perception qui est l'apanage des races exquises, et permet à leur ignorance d'avoir du génie, en revanche il a le sens droit, le jugement ferme. Il est appliqué, se donne tout entier à ce qu'il fait. Il sait bien ce qu'on lui a enseigné et il s'entend à s'en servir. Au demeurant, peu de fantaisie, une médiocre originalité d'esprit, comme il est naturel dans une race où la faculté de sentir et de deviner est inférieure à la faculté d'apprendre : une certaine aisance intellectuelle très-répandue, un niveau moyen de culture plus élevé qu'ailleurs, mais que peu dépassent. De toutes les contrées de l'Allemagne, la Prusse est celle qui a produit le moins de génies. »

Ajoutons, cependant, qu'en se préservant des corruptions de l'imagination, l'esprit prussien n'a pas évité les corruptions de la sophistique. A la suite de Kant, le fondateur du criticisme, l'intelligence des populations a pris, au bord de la Sprée, un tour sceptique, examinant de près les choses, trouvant toujours à en rabattre ; une sorte d'ironie narquoise qui se défie des apparences, crève et dégonfle tous les ballons, et prononce sur toutes les chimères le verdict d'une sagesse qui a souvent raison, trop raison peut-être. C'est qu'en effet il n'est pas permis à la raison de se mettre en insurrection contre le bon sens, et c'est une licence que la raison allemande s'est souvent donnée.

« On peut dire encore, qu'en général les rois de Prusse ont été moins corrompus que ceux des autres nations. Ils composent une série de princes, parmi lesquels on trouve à peine un ou deux oisifs, un ou deux hommes de plaisir et de dissipation. Les autres furent des administrateurs sans pareils, de vrais pères du peuple, médiocrement aimables à la vérité, aux manières un peu rudes, au bras pesant, mais les plus intelligents des despotes, protégeant l'agriculture et l'industrie, attirant l'étranger auprès d'eux, créant des routes, creusant des canaux, desséchant des marais, ne pensant pas déroger en s'occupant des plus menus détails, à l'exemple du grand électeur qui ordonnait à ses paysans d'entourer leur maison d'un potager, et ne leur permettait le mariage qu'à la condition de planter six chênes, et de greffer au moins six arbres fruitiers.

« Le type classique du roi de Prusse est un souverain très-réglé dans ses mœurs, se levant à cinq heures du matin, plus riche en bottes qu'en chemises; quand il achète un habit neuf, faisant servir ses vieux boutons; entassant des millions dans des tonneaux, pour que l'occasion le trouve prêt; assistant chaque matin à la parade, enseignant à ses grenadiers à manœuvrer avec une précision d'automates, et les faisant passer par les baguettes pour une peccadille; enfin, dressant ses employés comme ses soldats, et les chargeant, à leur tour, de dresser ses peuples. »

Les Holenzollern furent des bourgeois soldats qui savaient se battre, et qui gouvernaient quatre cents lieues de pays comme une abbaye. Il est vrai que Frédéric Ier, avec ses visées chevaleresques, ses chambellans à la clef d'or, et ses vingt trompettes annonçant à tout Berlin que son couvert était mis, fit à cette règle une coûteuse exception; mais, soit parce que leur histoire ne remonte pas haut, soit parce que l'ambition les préserva de la volupté, les souverains de Prusse ont occupé le trône le moins souillé de l'Europe, jusqu'au jour où le roi actuel en noya les bases dans une mare de sang.

« Comme la royauté, la haute société de la Prusse a conservé une vigueur morale qui explique ses succès guerriers contre nous. C'est à tort que nous persifflons ce parti féodal, dont les qualités énergiques tiennent du caractère breton. La richesse de ces seigneurs, qui va rarement jusqu'à l'opulence, ne les a point amollis. Le repos et les loisirs ne sont pas ce qui les tente. La royauté qu'ils servent leur a donné quelque chose de son tempérament ; ils méprisent le faste et l'oisiveté. On peut les traiter de barbares, ils ne s'en offenseront pas. Les arts, les spectacles, les plaisirs de l'esprit, les raffinements de la civilisation, ont pour eux de médiocres attraits ; ils n'ont garde de s'y connaître, pareils à ces sénateurs romains qui rougissaient de savoir le grec et le nom de Praxitèle.

« La littérature est, à leur sens, une sorte de baladinage supérieur, et le journalisme un mal nécessaire. On pourrait définir la Prusse un pays où tout le monde sait lire, et où l'aristocratie ne lit pas. Ces *Junker* vont droit au solide ; ils ne sont jaloux que de leur influence, ils font tout pour la conserver. L'une des choses qui frappent l'étranger à Berlin, c'est le petit nombre des hôtels particuliers. L'aristocratie n'a point contracté l'habitude de venir passer ses hivers dans la capitale, pour s'y livrer aux plaisirs de la société et du monde. L'*absentéisme* n'est pas une maladie prussienne.

« Le propriétaire de terres nobles quitte le moins possible sa province. Il n'a, le plus souvent, ni fermier ni métayer. Il cultive lui-même, avec ses journaliers, son domaine qui embrasse souvent tout le territoire d'une commune. Il connaît son monde et son monde le connaît. Il administre, il gère, il inspecte, il surveille, il encourage, il punit. Il répare à ses frais l'église qui menace ruine, il pourvoit à l'entretien de l'école ; et quand il sort de son château, c'est, le plus souvent, pour aller faire un séjour dans le chef-lieu du cercle ou de la province. Là, il trouve d'autres affaires à traiter, d'autres devoirs à remplir. Comment s'étonner qu'une aristocratie si laborieuse soit une puissance? »

Il faudrait s'étonner qu'il en fût autrement. On lui reproche l'étroitesse et l'inflexibilité de ses idées, sa raideur et sa morgue outrecuidantes; il est difficile que des hommes aussi vaillants à la peine, n'aient point le sentiment de leur valeur. On peut dire tout le mal qu'on voudra des féodaux prussiens; s'ils sont entiers dans leurs idées et tout d'une pièce, au moins les maquignonages d'une civilisation interlope ne les ont point gauchis. C'est avec de tels hommes, non avec des muscadins de grande ville, qu'on fait de bons officiers. Chacun d'eux, comme Cincinnatus, travaille à la chose publique *ense et aratro*. Si nos chefs militaires étaient trempés dans cette éducation mâle et forte, et si au lieu de respirer trop assidûment l'atmosphère des salons et des estaminets, ils avaient passé à cette rude école, nous aurions des soldats d'acier; tandis que, parfois, il se sont montrés de caoutchouc dans la fatigue, si ce n'est en présence de l'ennemi. Ne nous berçons plus; l'aveuglement serait la plus dangereuse de nos faiblesses, puisqu'il rendrait toutes les autres irrémédiables.

---

§ 2

La Prusse sous le rapport social

Nous suivons pied à pied le parallèle entre la Prusse et la France, et nous opposons l'autorité d'un témoin oculaire aux idées fausses généralement accréditées sur l'état social de la première. Il ressort de la comparaison qu'elle ne nous est pas toujours favorable; aussi, notre défaite, inexplicable pour nous, était prévue par les observateurs accoutumés à voir derrière les coulisses de la politique européenne. Ceci ne veut pas dire, j'y reviens, que la France soit définitivement inférieure à la Prusse; mais qu'elle s'est trouvée, par rapport à cette dernière, dans un de ces désavantages de position où les petits lutteurs peuvent battre les plus grands.

Nous avons montré sur le corps social, en France, cinq blessures qui l'épuisent en le dévorant. Quelle est la situation de la Prusse, relativement à ces causes de notre amoindrissement momentané?

Le scepticisme politique est un mal qui ne s'est pas encore déclaré dans le tempérament peu usé de cette nation. Sans doute, elle est sceptique dans ses rapports avec les puissances, mais elle a une politique tenace et des traditions invariables qui, sans lui tenir lieu de principes, la mettent bien au-dessus de notre folle mobilité. Quant aux questions intérieures qui nous divisent, elle est un des peuples les plus affirmatifs dans le sens du conservatisme.

« La France est un pays où l'on discute tout ; la Prusse est un pays où il y a certaines choses qu'on ne discute pas. Quel usage font les Français du droit de réunion? disait naguère un Allemand. Au bout de vingt minutes, ils ont mis en question Dieu, la propriété et l'empereur. La Révolution, en remuant le sol de la France jusque dans ses profondeurs, a mis à découvert les racines du pouvoir. Le flambeau d'une inexorable critique, agité par des mains violentes, a promené sa lumière dans les recoins les plus obscurs de la constitution sociale. Il n'y a plus, dans la politique française, ni dogmes, ni mystères sacrés. En Prusse, rien de pareil. Gouvernée depuis quatre siècles et demi par une famille qui a traversé avec le pays des fortunes diverses, et partagé avec lui ses bonheurs et ses malheurs, la Prusse est une nation profondément dynastique, et le paysan Poméranien, comme le propriétaire des terres nobles, se garde de distinguer dans ses affections le Roi et la Patrie. Peut-il seulement se représenter l'un sans l'autre?

« En Prusse, il n'y a point encore de prescription établie contre certaines vieilles idées hors de cours, et que l'on ne rencontre plus que dans les musées d'antiquités, chez les marchands de bric-à-brac. A Berlin, dans cette ville de la science, vous rencontrez à chaque pas des revenants qui ne se doutent point que l'horloge de l'Université a sonné midi. Il n'y a jamais eu là de révolution qui, s'imposant à tous les esprits avec l'évidence d'un fait accompli et irréparable, ait bouleversé et entremêlé toutes les couches sociales, renouvelé l'opinion publique et l'âme de la nation. Il est facile d'avoir le courage de ses opinions, quand on sait clairement ce qu'on veut, et c'est l'avantage qu'ont les conservateurs Prussiens sur leurs adversaires. La *Gazette de la Croix*, qui est peut-être le journal de Prusse le mieux rédigé, n'a jamais recouru aux artifices de la rhétorique et de la casuistique pour rendre ses idées acceptables. Dieu et le roi, le gouvernement providentiel du monde, l'omnipotence d'une royauté de droit divin, qui a reçu mission de façonner les peuples à l'obéissance, le mépris absolu des fictions constitutionnelles, la haine de l'égalité, la doctrine nettement avouée que les députés sont de simples locataires, et que le propriétaire est libre de les mettre à la porte quand bon lui semble : voilà ce qu'enseigne, tous les jours, le principal organe du conservatisme prussien.»

A Dieu ne plaise que nous représentions cet état de choses comme une grandeur de la Prusse. A Dieu ne plaise surtout que nous l'estimions durable ; mais, tel quel, il constitue une force de cohésion bien supérieure à la vie factice créée chez nous par la division des partis.

En second lieu, où en est la Prusse, relativement à la doctrine délétère de l'athéisme législatif? Ici, elle vogue à pleines voiles au large de la liberté et de la vérité ; et si, en d'autres points, elle nous est inférieure, en cette matière elle donne de vraies leçons de progrès à certains théoriciens de France, qui prennent pour la liberté, l'athéisme de quelques-uns imposé à tout le monde.

La Prusse est le pays de l'instruction obligatoire par excellence ; mais là jamais on n'a pu admettre que l'enseignement de Dieu fut plus contraire à la liberté que celui de la grammaire, ni moins obligatoire.

« Le parti libéral lui-même demande que la religion soit enseignée comme tout le reste dans le local de l'école. Il veut seulement qu'on le distingue des études communes à tous, et que ce soit la seule branche de l'instruction populaire confiée au clergé et soumise à son inspection. Pour nous servir de leur langage, ils désirent que l'école prusssienne soit une école non confessionnelle, c'est-à-dire où les enfants de toute confession acquièrent les notions techniques et les idées morales ; mais ils désirent aussi que cette école soit hospitalière pour tous les cultes et que chacun de ceux-ci y enseigne son catéchisme particulier. »

Quelle différence entre ce libéralisme large et franc, et les théories cauteleuses de nos athées ! Cependant, la majorité de la Prusse répond à ses libéraux : « Que l'Etat établisse à nos frais communs des écoles officielles où l'enseignement religieux soit considéré comme une sorte d'appendice ou de luxe, nous y consentons ; mais, veuillez remarquer qu'un grand nombre de pères de famille, catholiques ou protestants, ont des principes absolument différents des vôtres. Ils tiennent que la religion n'est pas le superflu de l'école, qu'elle en est le nécessaire. Qu'elle n'est pas le couronnement de l'éducation, qu'elle en est la racine. Qu'il y a une manière catholique et une manière protestante d'enseigner la géographie et l'histoire. Que la loi naturelle est d'une efficacité douteuse. Que la religion n'est rien sans un dogme positif, ni la morale sans une sanction. Que croire en Dien est peu de chose, qu'il s'agit de croire à un certain dieu.

« Voudriez-vous contraindre le père de famille à envoyer son enfant dans une école où manquerait à ses yeux l'âme et l'essence même de l'éducation? Vous êtes trop libéraux pour cela. Nous vous accordons vos écoles non confessionnelles ; en retour, unissez-vous à nous pour obtenir de l'Etat qu'il nous octroie la pleine liberté de fonder des écoles confessionnelles, à l'usage de ceux qui font passer leur confession avant tout. Les libéraux n'ont pas l'air d'entendre cette requête ; mais le gouvernement, qui a l'oreille fine, en tire ses conclusions.

« Il s'empresse de reconnaître que le premier devoir de l'école est d'éduquer plus que d'instruire et que la religion est le fondement de l'éducation ; la loi naturelle, la morale indépendante ne lui plaisent guère ; ce sont de faibles palliatifs contre l'esprit d'insubordination. A Berlin, l'Etat se reconnaît pour chrétien ; et si l'art. 12 de la Constitution proclame la liberté religieuse, l'art. 14 déclare que la religion chrétienne est la base de toutes les institutions religieuses du pays.

Article très-vague et très-compréhensif, où l'enseignement se trouve englobé. Le gouvernement prussien, qui est très-avisé, sait bien que si, dans l'école publique la religion n'était qu'un objet secondaire, il s'ouvrirait bientôt nombre d'écoles confessionnelles où elle serait le fondement de tout. Aussi, s'est-il converti depuis longtemps au principe de l'école confessionnelle, et il se fait un devoir d'en établir deux partout où les confessions se balancent. »

Sans doute, en ceci, la Prusse est dirigée par l'intérêt plutôt que par l'équité et par la foi. Elle ne veut pas que son double clergé, curés et pasteurs, lui échappe, et elle se les attache en leur rendant sa maison agréable. Elle espère d'ailleurs que le catéchisme, mis ainsi à sa place d'honneur, se montrera reconnaissant, et qu'il enseignera les devoirs envers l'Etat, de manière à lui rendre les bienfaits qu'il en reçoit.

Ainsi, cette royauté prévoyante fait d'une institution libérale un instrument de discipline; mais si nous protestons contre cette persécution de l'embauchage tout comme contre celle de la négation, il n'en est pas moins vrai que la première est plus conforme à la vérité que la seconde. En fait, la Prusse n'est pas plus honnête que la Révolution ; mais, en principe, elle lui est bien supérieure. Voilà pourquoi, tout odieuse qu'elle se rend, le monde la redoute moins que la République universelle fondée sur l'athéisme social.

Et sous le rapport des respects, au moins officiels, à l'égard de la cour de Rome, la Prusse a-t-elle assumé les responsabilités sacriléges de l'Empire et du gouvernement actuel ? La force de la vérité m'oblige de répondre négativement. Assurément, le double jeu de sa diplomatie sur ce terrain ne nous impose point la reconnaissance; mais nous devons lui rendre hommage pour le mal qu'elle n'a pas fait au Saint-Siége, puisque des puissances catholiques tenues à plus de bienveillance en ont eu moins.

« En Prusse, le roi est le chef, le patron de l'Eglise évangélique, son évêque, et il la gouverne par l'entremise d'un haut conseil ecclésiastique qui relève directement de lui. Mais, depuis longtemps, la Prusse est devenue par ses conquêtes un pays mixte. Le catholicisme y est dominant dans quatre provinces : Posen, la Silésie, la Westphalie et le pays Rhénan. C'est la religion d'un tiers de la population totale de la Prusse. La royauté prussienne, à qui le sens politique ne fit jamais défaut, a très-anciennement accepté cette situation. Elle a pris, pour règle de sa conduite, un système d'équité en matière religieuse auquel on a donné le nom de *Paritarisme*, et Rome a eu rarement à se plaindre de ses relations avec Berlin. « Un ministre ou « un prince protestant, disait un jour M. de Varnbüler, « a ce grand avantage, dans ses rapports avec le Saint-« Père, qu'il ne peut être mauvais catholique. »

Grande leçon pour nous ! Il est tel de nos ministres qui donna plus de chagrins à la Papauté que tous les rois de Prusse réunis. Certainement, aucune nation ne rendit autant de services que la nôtre au Saint-Pére; mais aucune ne les lui fit aussi chèrement payer, et les deux Napoléon, à eux seuls, ont fait verser cent fois plus de larmes à Rome que toute la dynastie des Hohenzollern.

Où en est notre rivale, par rapport à la Révolution? A l'antagonisme le plus radical. Je ne lui ferai certes pas une gloire de son despotisme de fer et de ses parti-pris irréconciliables contre la liberté; mais comment ne pas la féliciter de ne point tenir les portes ouvertes, comme nous, à tous les chantages de progrès, à tous les vendeurs d'orviétan démagogique, qui font profession d'entasser des poudres à la base de l'ordre social, pour se donner le plaisir d'une explosion avec incendie tous les quinze ans!

Dans le royaume des Frédéric, l'idée romaine de l'Etat subsiste avec toute sa force. Hegel, oublieux de sa Souabe, enseigne à Berlin que l'Etat est une incarnation de l'idée morale, une sorte de *Dieu vivant*, auquel est dû le sacrifice de toutes les personnalités. Le professeur Gneist accuse la France moderne de considérer l'institution politique comme une compagnie d'assurances destinée à garantir les intérêts privés. Il ajoute que loin d'être au service des intérêts, le premier devoir de cette institution est de tenir école de désintéressement, et que l'ordre est dans l'immolation de la société à l'Etat, non dans la subordination de l'Etat à la société.

Il ne faut pas s'étonner que le peuple élevé à une telle école soit respectueux pour ceux qui le gouvernent.

« Il est le seul chez qui le respect puisse se passer

d'illusions. Tous, tant qu'ils sont, ils trouvent naturel que l'Etat prenne sur leur temps, sur leurs affaires. Ils se plaignent quelquefois et ne laissent pas d'obéir. Ils jugent leurs maîtres et ils obéissent; ils raisonnent, ils discutent, ils ergotent, et ils obéissent. Que s'il éclate quelque crise qui mette l'Etat en danger, chacun est à son poste, prêt à faire son devoir et plus que son devoir. Ils se montrent capables de tous les sacrifices, ils acceptent toutes les charges et toutes les fatigues. On leur a enseigné à faire sans enthousiasme des choses grandes et difficiles. »

« Si pénétré que fût le grand Frédéric du principe de l'égalité des hommes, il entendait que l'ordre régnât chez ses peuples comme dans ses régiments, que chacun connût sa place et s'y tint. Son peuple s'en est toujours souvenu. Heureux pays, où un flegme naturel, aidé par des habitudes contractées dès l'enfance, met une sourdine aux passions des partis; où l'on se croit tenu d'avoir le sens commun; où les exagérations dangereuses ont peu de chance de succès, où les têtes façonnées par le casque ont peu de goût pour le bonnet rouge! Il est ici des institutions que personne ne discute, des respects universels. Heureux pays! heureux gouvernants! surtout, auxquels leurs peuples font des loisirs! C'est à Berlin que se réalise la pensée de Montesquieu :

« Le bon sens et le bonheur des particuliers consis-
« tent dans la médiocrité de leurs talents et de leurs
« fortunes; un pays où les lois auront formé beaucoup
« de gens médiocres se gouvernera aisément. »

« Là, les idées démocratiques et constitutionnelles, envisagées comme des importations étrangères, ont peu de séduction pour la masse de la nation, qui est très-désireuse de faire du neuf en toutes choses et de ne ressembler à aucune autre puissance, surtout à la France. Ces notions élémentaires de la société moderne qu'on appelle les principes de 89, vous n'en trouveriez pas trace dans ces têtes carrées et casquées qui composent le grand parti conservateur prussien. Ne leur parlez pas d'accommodement, de transaction; la révolution est pour elles le choléra-morbus : on ne traite pas avec le choléra. L'homme qui se chargea de rédiger et de proclamer leur *credo* politique, le fameux professeur Stahl, ne fit que traduire en allemand et en luthérien Joseph de Maistre et de Bonald, encore les a-t-il expurgés. »

« Le parti de la Croix, c'est-à-dire des *Junker,* ou des hobereaux, est un phénomène curieux et qui ne ressemble à rien. On ne peut rien trouver d'analogue, ni dans le vieux torysme anglais, qui compte avec l'esprit moderne, ni dans cette généreuse aristocratie de France qui fit, dans la nuit du 4 août, le glorieux abandon de ses priviléges. La royauté de droit divin et l'armée, voilà la Prusse aux yeux des féodaux brandebourgeois. La seule réforme qu'ils rêvent c'est une décentralisation qui affaiblirait la bureaucratie, accroîtrait les pouvoirs des diètes provinciales où ils sont souverains, et mettrait l'administration dans leurs mains. La démocratie et le parlementarisme sont pour eux des idées exotiques que tout bon patriote doit rejeter. Le principe du gouvernement représentatif est la défiance, et le catéchisme luthérien ordonne de croire. Eux croient, ils ont une religion politique. »

Quelle différence entre cette société et la nôtre? Je ne prétends pas que les différences soient entièrement à notre désavantage ; mais, dans tous les cas, quel enseignement pour les utopistes convaincus que la révolution est la vraie force d'un pays, que moins une nation obéit plus elle est grande, et que, dans la défaite, il suffit d'ajouter l'anarchie intérieure aux désastres militaires pour rapatrier la victoire. Convenons-en, il y a dans la constitution politique de la Prusse, à côté d'un élément semi-barbare peu digne de notre émulation , une infusion de christianisme que nous tachons follement d'extraire de nos lois et de nos mœurs. Ne nous fallait-il pas expérimenter qu'il ne suffit pas aux peuples d'être athées pour être invincibles? Notre passé me le fait craindre, mais j'espère de notre avenir; car c'est surtout de la France que Joseph de Maistre aurait pu dire : « Si la Providence efface, c'est pour écrire. »

Enfin, l'armée qui fut en quelque sorte l'orgueil de nos orgueils, l'ensemble de nos institutions et de nos prétentions militaires, étaient-ils soutenus par des moyens proportionnés au but, surtout par une organisation capable de rivaliser avec la Prusse? Il y a six mois, poser la question eût paru anti français, aujourd'hui les évènements l'ont tristement résolue contre la France. Tout en maudissant la destruction de l'espèce humaine, je ne suis pas un rêveur de la paix universelle. Je sais que le seul moyen d'en finir avec la guerre serait de comprimer les désordres qui nécessitent cette terrible purification, et que ce moyen est dédaigné. « Je sais encore que lorsque l'âme humaine a perdu son ressort par la mollesse, par l'incrédulité et par les vices gangréneux qui suivent l'excès de la civilisation, elle ne peut être retrempée que dans le sang. » C'est pourquoi il importe à un grand peuple d'avoir, non l'amour-propre d'aligner des soldats, mais la prévoyance nécessaire pour les rendre invincibles. Comment avec nos chemins de fer, nos télégraphes et la rapidité de toutes nos communications internationales, n'avons-nous pas mieux connu le système d'éducation militaire contre lequel nous allions nous briser?

Constatons-le en passant, ce ne fut pas la faute du regrettable maréchal Niel, le seul homme de notre pays qui ait pressenti les vrais besoins de la défense nationale. On se souvient des sourires incrédules qu'il excitait en démontrant la nécessité d'une garde mobile. Que de précautions il y avait à prendre, néanmoins, devant un péril tel que celui-ci.

« Le service militaire universel est une institution libérale et démocratique dans les pays où il est pratiqué sincèrement. Les Prussiens aiment à se vanter qu'il en est ainsi chez eux. Nous possédons, disent-ils, la seule armée vraiment nationale. Nous n'avons pas de soldats de profession, parce que, chez nous, le soldat, c'est tout le monde. Il n'est pas possible de passer huit jours à Berlin, sans s'apercevoir qu'il n'est pas de ville en Europe où règne à ce point l'esprit militaire. Dans les Etats du roi Guillaume, l'épaulette jouit de toutes les préséances, l'uniforme y est le grand porte-respect ; qui l'a une fois endossé a peine à le quitter, et tel personnage, s'il s'avisait de se promener en redingote dans la rue, ferait autant de sensation que s'il y paraissait en robe de chambre.

« Durant le séjour que le prince Napoléon fit à Berlin, la foule se pressa plus d'une fois sur ses pas, attirée par la curiosité de contempler un prince en habit bourgeois. Cela n'est pas étonnant dans une ville où le Président du conseil, beaucoup plus célèbre en Europe comme diplomate que comme colonel, se croit obligé, quand il assiste aux séances du Parlement, de ne se point séparer de son uniforme, ni de son casque.

« Les priviléges accordés à l'armée sont exorbitants. Si les autorités militaires, par leur modération et leur conduite, n'atténuaient pas les abus de ce régime, il serait l'oppression d'une partie de la nation par l'autre. De là une force de plus pour le sabre, dont la Prusse souffre en temps ordinaire, dont elle bénéficie avec si peu de pudeur aujourd'hui. Remarquons, d'ailleurs, que, dans ce pays, il suffit de trois mois pour fabriquer un soldat. A ce compte, le soldat ne faisant guère que traverser la caserne n'a pas le temps d'y oublier qu'il est citoyen, quitte pour lui à l'oublier dès l'instant que l'État lui rappelle qu'il est soldat.

« Une armée où passent presque tous les hommes valides, où les officiers appartiennent presque tous à la classe conservatrice par naissance et par principes, où les recrues sont retenues assez longtemps à la caserne pour en contracter l'esprit, assez longtemps sous la discipline pour en prendre le pli. Une armée ainsi constituée est une admirable école de respect et de docilité, un merveilleux complément, dans l'éducation d'un peuple, au catéchisme enseigné par ordonnance de la police. On crée ainsi, non une armée nationale, mais une nation militaire et gouvernable. D'une institution libérale et démocratique, le système qui régit actuellement la Prusse a fait un instrument de dressage et de gouvernement.

« Il faut y revenir sans cesse, la discipline est le premier et le dernier mot quand on écrit sur les affaires prussiennes. Si en ce pays tout homme est soldat, tout soldat est une sorte d'automate qui apprend à se tenir à son rang, parce qu'il est encadré. Un caporal à droite, un caporal à gauche maintiennent l'alignement. Nombre de Prussiens, après avoir quitté le service, restent toute leur vie encadrés et alignés. Regardez-les marcher, écoutez-les parler : les deux caporaux sont toujours là. Réussira-t-on jamais à encadrer l'indiscipline française? La France, comme on l'a remarqué, est une nation belliqueuse, elle n'est pas une nation militaire. »

J'écrivais ces lignes quand m'est arrivée la nouvelle de la capitulation de Paris. A cette annonce, deux sources de larmes jaillissent de mes yeux, et j'éprouve une douleur qui tient du deuil laissé dans mon cœur par la mort de ma mère ! Mais quand je demande à Dieu pourquoi la France n'a pas eu l'honneur de vaincre son implacable rivale, Dieu et l'évidence me répondent : peut-être parce qu'elle n'en a pas mérité la grâce ; très-sûrement parce qu'elle n'en a pas pris les moyens.

§ 3

La Prusse sous le rapport doctrinal

Il nous reste peu à dire sur ce sujet. Nous avons déjà vu comment la responsabilité des blasphèmes allemands nous revient, soit parce que nous y avons cru plus que l'Allemagne elle-même, soit parce que nous les avons propagés et vulgarisés. C'est nous, en effet, qui avons fait connaître ces lourdes élucubrations qui ne sont que l'orgueilleuse dilatation du rien. C'est la France qui a inventé les soi-disant génies d'outre-Rhin et les a révélés à l'Allemagne. Par nous, ils ont acquis une notoriété et fait un mal qui leur eût été impossible sous leur estampille nationale. Aussi je ne suis point surpris si la Providence nous demande un compte plus sévère de leurs négations, qu'au pays qui les engendra. C'est pour être devenue allemande par les idées, que la France mérita de le devenir par la conquête.

Un des Français les plus Allemands de cette époque, et des plus ardents apôtres du germanisme irréligieux, M. Quinet, frappé sur son chemin de Damas par les événements actuels, a écrit ces lignes qui sont à la fois une rétractation de son passé et la confirmation de notre thèse :

« Mais, dites-vous, leurs armées ont la science. Et moi je vous réponds : il en sera de leurs armées comme de leur science philosophique, qui n'a eu qu'un moment. Où sont-ils tous ces fameux systèmes qui prétendaient aussi gouverner le monde? Qu'en reste-t-il? Montrez-moi un seul livre qui en contienne encore une parcelle. Tout cela est dispersé comme la poussière. Il en sera de même de cette poussière d'hommes qui poudroient dans nos champs.

« Oh! le beau jour que celui où l'esprit français prendra corps à corps l'esprit allemand et le déshabillera de ses oripeaux métaphysiques! Que restera-t-il alors de ce spectre de science qui s'est dressé un moment dans les intelligences pour s'évanouir presque aussitôt? Ce jour-là, on verra ce que l'infatuation a pu produire de ballons enflés dans une race humaine. La moindre piqûre d'épingle dégonflera ces systèmes. A vrai dire la chose est déjà faite.

« Les Allemands eux-mêmes ont été les premiers à rejeter, comme une monnaie fausse, leur philosophie.

« Cherchez, au delà du Rhin, quelqu'un qui prenne au sérieux ces outres vides, vous ne trouverez plus personne.

« Il y a déjà quarante ans, l'illustre Creutzer, l'auteur de la *Symbolique*, me disait :

« — Il m'arrive une chose extraordinaire.

« — Quoi donc, monsieur?

« — Eh bien! je ne puis comprendre la philosophie allemande que si elle m'est expliquée par un Français.

« — Cela ne m'étonne pas, lui dis-je. Pour descendre dans un caveau, il faut une lanterne.

« — Et c'est parce que la France est cette lumière qu'ils ont juré de l'éteindre.

« Règle sans exception : tous les livres allemands modernes qui ont une chance d'avenir ont reçu à un degré quelconque le souffle du génie français. Au contraire, tous ceux qui sont restés purement allemands, sans aucun reflet de la France, sont des œuvres teutonnes, excentriques, éphémères, qui n'entreront jamais dans le domaine de l'esprit humain. Et c'est ce souffle qu'ils prétendent étouffer ! »

De cette citation deux conclusions invincibles se dégagent.

Philosophes, universitaires, professeurs, lecteurs de grandes revues, dupes sans nombre qui avez apostasié vos croyances sur la parole de l'Allemagne, que faites-vous devant ces autels que l'Allemagne à désertés ?

Puisque votre irréligion fut l'effet d'un leurre, laissez donc vos fétiches, et allez reporter vos adorations devant le dieu de Pascal et de Fénelon, abandonné par vous il y a cinquante ans.

En second lieu, c'est l'Allemagne qui rêva sa philosophie, mais c'est la France qui l'adopta, c'est à la France que Dieu devait en imputer la responsabilité.

Berlin fut appelé, par un homme du pays, *l'hôpital des folies humaines;* c'est pour être devenu une succursale de cet hôpital, que Paris a dû recevoir les soldats de Berlin, après en avoir caressé les folies.

CONCLUSION

LA PROVIDENCE

Il y a deux Frances dans la France : celle que Dieu a faite, c'est-à-dire notre individualité nationale ; celle-là est au-dessus de toute censure. Celle que nous avons faite nous-même, c'est-à-dire la France des Français, non celle de Dieu ; et, pour celle-ci, l'absoudre quand elle est coupable, ce n'est point du patriotisme, c'est un orgueil personnel ; ce n'est point couvrir à reculons la honte d'une mère, c'est innocenter notre immoralité. Ne soyons pas du nombre de ces optimistes intéressés.

En venant de tracer le tableau de nos écarts sous le rapport moral, social et doctrinal, une pensée m'obsède. Quels sont les Français qui, la main étendue sur le corps mutilé de la patrie, aient le droit de dire : Nous sommes entièrement innocents de ses malheurs? et, cependant, ce n'est qu'à la condition que chacun de nous s'accusera devant sa conscience que la France pourra être excusée devant Dieu.

Un des signes les plus tristes du temps, c'est l'absence de cette conscience patriotique.

On accorde plus volontiers de son sang à la chose publique, que l'aveu de ses propres torts envers elle.

Considération douloureuse ; car les peuples comme les individus égarés ne rentrent dans l'ordre et dans les bonnes grâces du ciel, qu'en disant avec humilité : *Nous nous sommes trompés* (1).

La justification de Dieu nous apparait donc jusque dans nos malheurs. Cependant, il reste quelques nuages à dissiper sur cette correction ; ce sont, à peu de chose près, les objections générales contre le dogme de la Providence, transportées, par les événements actuels, du domaine spéculatif dans la vie publique, et cessant d'être des thèmes d'école pour devenir un scandale populaire.

Et, d'abord, *Dieu n'est pas bon*, dit l'égoïsme des masses, *puisqu'il fait en ce moment tant de malheureux*.

Ce n'est pas Dieu qui nous fait malheureux, mais il ne nous empêche pas de nous en rendre, ce qui est bien différent. Il n'enchaîne pas notre liberté morale quand nous la retournons contre lui, à plus forte raison ne doit-il pas la violenter quand nous en abusons contre nous-même. Nous avons voulu la guerre ; la cause étant posée, c'est à nous et non pas à Dieu que les conséquences sont imputables.

Certes, il nous avait donné autant de sagesse et de force qu'à nos ennemis, pourquoi avons-nous compro-

(1) Sap. II, 6.

mis l'une et l'autre dans les folies d'une somptueuse décadence, au lieu de les faire servir à notre grandeur? Pourquoi avons-nous préféré devenir les charmeurs de l'Europe que d'en rester les arbitres? Le ciel était-il obligé de nous dépêcher des anges, dans nos orgies de boulevard et dans nos intrigues de cour, pour nous révéler ce qui se passait au delà du Rhin, et ce qui allait bientôt se passer chez nous?

Ayons donc le noble courage de reconnaître nos fautes, et ne donnons pas dans ce banal amour-propre du jour, consistant à accuser tout le monde des revers nationaux, excepté soi-même.

Nous prétendons que nous n'avons pas voulu la guerre, mais qu'on nous la fit vouloir. Quelle que soit la subtilité de cette distinction, je réponds : Si la guerre nous eût été favorable, aurions-nous décliné l'honneur de l'avoir voulue? Et j'ajoute, si les malheurs actuels étaient tombés sur un autre peuple, en tirerions-nous les mêmes conclusions contre Dieu? Preuve que nous lui opposons des griefs d'intérêt plutôt que de raison, des égoïsmes plutôt que des arguments.

Mais, allons plus loin. Serait-il vrai qu'un Dieu bon ne doit jamais décréter la douleur pour sa créature? Nullement. Dieu est bon, dit Tertullien, non-seulement de cette bonté de sentiment qui compatit et qui console, mais encore de cette bonté de justice qui subordonne tous les biens au bien moral. Un père est bon, même quand il fait pleurer ses enfants pour les améliorer. Les droits de Dieu seraient-ils de pire condition? Un prince est bon, même quand il dispose de la vie de ses sujets dans un intérêt supérieur, et Dieu ne pourrait faire des martyrs en ce monde pour couronner des élus dans l'autre? D'ailleurs, le bonheur universel sur la terre ne rendrait pas seulement le ciel inutile, il le rendrait impossible. Personne ne s'en rendrait digne si personne n'y était préparé par la douleur, la douleur étant l'arôme qui empêche la liberté humaine de se corrompre. Pour un homme qui se perd dans le malheur sans résignation, il y en a mille qui se détériorent dans le bonheur sans correctif. Que la France ne reproche donc pas les larmes qu'elle verse à la bonté de Dieu; rien n'est plus digne de cette bonté que de nous sauver, même en faisant couler nos larmes.

Ainsi le mal devient, entre les mains de Dieu, un instrument de bien, suivant la pensée de saint Augustin et de saint Thomas : *Ut bene faceret et de malo* (1). Sans compter que la douleur moralise, avec celui qui l'endure, celui qui la contemple. S'il n'y avait point de désespérés, il n'y aurait point de Sœurs de l'Espérance; s'il n'y avait point de désolés, il ne surgirait point d'anges de la consolation. De même que les persécutions des tyrans firent éclater l'intrépidité des martyrs, les excès de la Prusse ont suscité une seconde France plus belle que la première; car la seconde est encore fièrement debout, tandis que la première est à terre. Enfin, je me demande, si pour le prestige matériel que nous avons perdu en six mois, nous devrions sacrifier l'expérience que nous avons gagnée, le mal

(1) Enchir. cap. II.

physique dont nous sommes victimes ne méritant plus son nom, dès qu'il devient pour nous l'agent d'une restauration morale.

Je ne m'étonne pas si un grand docteur a dit : *Supposé que tous les maux fussent empêchés, beaucoup de biens manqueraient à l'univers* (1). Abolissez la misère, en effet, Vincent-de-Paul traînera quatre-vingt ans l'ennui d'un grand cœur qui n'a rien à faire. De même, supprimez nos malheurs actuels, toutes ces joies de bienfaisance, tous ces élans de patriotisme, tous ces désirs de réparation, toutes ces émulations de sacrifices, toutes ces larmes qui régénèrent, toutes ces beautés de notre histoire contemporaine, en un mot, n'existeraient pas. Aussi, de nos désastres, nous retirerons mieux que des millions et de la gloire, nous en retirerons la justice qui élève les nations, tandis que les millions et la gloire ne les empêchent pas de se corrompre. Et remarquez que, dans cette économie du salut par une grande douleur publique, tout le monde se sacrifie et personne n'est sacrifié, car les inégalités du temps sont corrigées par la justice de l'éternité.

Grande impropriété de langage de dire que Dieu fait des malheureux ! Il fait des élus. Le but final de sa création n'est pas de favoriser une race plus qu'une autre, d'entretenir des vanités nationales, et de fixer la gloire en tel lieu de la terre, mais de peupler son paradis. C'est pourquoi il est dans son rôle de créateur, de rédempteur et de père, toutes les fois qu'avec des

(1) S. Thom., *Somme*, 1re partie, quest. 22, art. 2.

infortunes il forme des saints. Or, les saints ne sont jamais des malheureux, même quand ils sont victimes d'un présent éphémère, puisqu'ils sont les *bienheureux* d'un avenir sans fin.

Si Dieu est bon, dit encore la sagesse populaire, *il est bien aveugle, puisque le dessein qu'il accomplit, à notre détriment aujourd'hui, paraît insensé.*

Je demande pour le dessein de Dieu, les respects de la présomption favorable jusqu'à plus ample information. La philosophie de l'histoire ne se compose que longtemps après les événements, quand on les voit dans l'ensemble et de certains sommets élevés. Ne devançons pas l'heure de cette justice qui est la seule infaillible, parce qu'elle est tardive, c'est-à-dire parce qu'elle prononce à la distance voulue pour éviter les illusions d'optique. La disposition des choses humaines, dit Bossuet, est confuse, inégale, irrégulière, semblable à certains tableaux que l'on montre comme un jeu de perspective. A la première vue, on ne distingue que des traits informes et un mélange aveugle de couleurs, mais aussitôt qu'on considère la toile par un certain endroit, toutes les lignes se ramassent, des visages apparaissent, la confusion se démêle, et l'on est ravi de l'œuvre et de la surprise qu'elle cause.

« Tel est l'état du monde actuel, plein de désordre « apparent et de justesse cachée. A cette vue, l'obser- « vateur inconsidéré s'écrie qu'il n'y a point de Dieu « ou que Dieu abandonne la vie humaine aux caprices « de la fortune. Mais, arrêtez, malheureux, et ne

« précipitez pas votre jugement dans une affaire si im-
« portante ! Peut-être que si vous rencontrez le point
« où il faut considérer les choses, toutes les inégalités
« se rectifieront et vous trouverez que ce qui semble
« confusion est un art caché (1). »

Par les temps malheureux que nous traversons, rien de plus funeste que ce déisme à la mode, d'après lequel le Dieu créateur procède comme l'artiste qui se détourne de son œuvre quand elle est finie, ou comme un potentat ménager de ses forces et de son temps, qui se réserve pour les choses considérables, veillant aux moindres par délégation. Ce Dieu, inspecteur sommaire de la création, qui voit le monde non les individus, est moins le père que le bourreau de ses croyants ; car, autant l'homme craint d'être regardé par Dieu quand il est coupable, autant il a besoin de l'être quand il est malheureux.

Vous qui souffrez des calamités présentes, ne craignez donc pas cette inattention de la part de votre créateur. L'œuvre de l'artiste n'a rien à faire de son regard quand elle est terminée. Mais le monde avec ses innombrables rouages, les uns obéissant à la nécessité, les autres à la liberté, a besoin d'une surveillance continuelle pour ne se point disloquer. C'est pourquoi son auteur le pénètre d'une de ces attentions conservatrices qui sont la création continuée, et même pendant nos humiliations et nos défaites, nous sommes emportés dans les replis vigilants de ce sein paternel.

(1) Serm. sur la Providence.

En garantie d'une telle assistance, nous avons l'immensité divine qui est l'omniprésence de Dieu, la puissance divine qui est le bras de l'infini, la sagesse divine qui est le regard de l'infini, la bonté divine qui est l'amour infini. Bien des gouvernements et des courants négatifs passeront en France, avant que de telles consolations soient ravies à l'infortune.

L'enfant d'une mère aussi spirituelle que chrétienne lui disait un jour : « Vous me recommandez de craindre le regard de Dieu, Dieu aurait vraiment trop à faire s'il avait à regarder partout à la fois. » — « Mon fils, répondit la mère bien inspirée, Dieu a fait un soleil qui éclaire en même temps toute la terre, pourquoi la lumière de son regard ne s'étendrait-elle pas aussi loin que celle de son soleil ? » Image consolante et argument décisif pour les peuples qui souffrent ! Nous n'avons donc pas à redouter de n'avoir point de témoins dans les cieux quand nous pleurons, comme si la vaste mémoire de Dieu ne suffisait pas, soit à embrasser toutes nos vies, soit à compter toutes nos larmes.

Quant à savoir ce que se propose Dieu en châtiant des catholiques par la main des Prussiens, qui, en majorité, sont hérétiques, je pourrais répondre d'abord que des hérétiques croyant à la révélation, sont plus agréables à Dieu que certains catholiques ne croyant à rien du tout. Je répondrai encore qu'Attila, les Sarrasins et les terroristes de 93, eurent une mission vengeresse contre des sociétés et des coupables qu'ils étaient loin de valoir. Enfin, je répondrai que je ne sais pas répondre ; mais qu'autant j'ignore les desseins de sa sagesse, autant je suis certain de la sagesse de Dieu et suis disposé à cautionner ses œuvres, même sans les comprendre.

A tout le moins, ajoute ici le désespoir national, *devons-nous cesser d'invoquer Dieu, puisque l'expérience actuelle nous prouve qu'il n'exauce pas.*

La libre pensée prête des arguments à notre désolation. « Dieu, dit M. Jules Simon, ne modifie pas ses desseins, et nos prières ne peuvent le détourner de son ordre..... La prière, si elle est sérieuse, est la demande formelle d'un miracle (1). » Celse avait dit bien longtemps auparavant : « C'est faire injure à Dieu que de le prier, puisqu'il prévoit tout et qu'il est immuable de sa nature (2). »

A ce paradoxe peuvent être opposées deux réfutations : l'une par l'absurde, l'autre par le bon sens. Par l'absurde, je réponds au rationnaliste agonisant, qui ne veut pas qu'on prie pour sa guérison, sous prétexte que Dieu ayant tout disposé à l'avance, n'y doit rien changer ! Pourquoi envoyez-vous chercher un médecin? Si Dieu a réglé que vous ne devez pas mourir, les remèdes sont inutiles ; si Dieu a décrété votre mort, les remèdes sont impuissants. Le second raisonnement a exactement la valeur du premier. Aussi, tant que l'humanité ne cessera pas de croire à la vertu de la science médicale, elle croira à l'efficacité de la prière.

(1) Relig. nat., p. 330.
(2) Orig. de orat., § 5.

Sans doute, Dieu prévoit et ordonne par avance, mais conditionnellement, au concours de notre liberté. Si celle-ci intervient par ses moyens naturels ou surnaturels, la volonté divine arrive à son but par une issue. Si la liberté humaine n'intervient pas, la volonté divine aboutit à ses fins par un autre chemin. Ainsi, dans la trame si compliquée de ses prévisions, Dieu laisse comme des sentiers en blanc dans lesquels notre dessein peut passer ou ne point passer sans violenter le sien. Prions, il réalise son plan par la miséricorde; ne prions pas, il le réalise par sa justice; de telle façon que nous déterminons sa voie, mais sans changer son but où il parvient par beaucoup de voies. De cette sorte, les dispositions de Dieu sont à la fois immuables et flexibles. Immuables, puisque c'est toujours sa providence qui s'exécute; flexibles, puisqu'elle s'exécute pour nous ou contre nous, selon notre coopération à l'exécution.

Mais hâtons-nous de répondre à l'objection plus directement. Tant que l'on n'arrachera pas à l'âme humaine le besoin de crier : Mon Dieu ! la prière aura pour elle l'autorité d'une nécessité invincible de la nature. Sans doute Dieu est infaillible et immuable dans ses conseils, mais il est bienfaisant aussi, car je le suis, et je ne peux avoir un avantage qu'il n'a pas. Ni la nature, ni le bon sens, en effet, ne veulent d'un Dieu qui s'est ôté le pouvoir de rien accorder, en aliénant tous ses biens par excès de prévoyance. Personne ne comprend cette infinie miséricorde qui n'aurait pas de fonds de réserve pour les misères éventuelles de ses sujets. D'ailleurs, un Dieu qui ne donnerait rien, serait une monstruosité redoutable; car l'homme ne fera point l'aumône quand il ne la recevra pas, il ne sera point sensible à une prière, si la sienne meurt sous un ciel sans écho.

Maintenant, comment se concilient l'immutabilité avec la bienfaisance perpétuelle de Dieu. Peu importe que l'accord de ces attributs ne soit pas démontrable, si leur existence est démontrée. Je tiens les deux bouts de la chaîne; les anneaux intermédiaires sont garantis par le fait. Parmi les vérités, les unes sont certaines parce qu'on les voit, les autres parce qu'elles ne peuvent pas ne pas être; or, si l'efficacité de la prière n'a pas l'évidence de la clarté, elle a celle de la nécessité; c'est-à-dire que tant que la nature humaine ne sera point changée, elle ne perdra point l'habitude de ployer les genoux sur la terre en regardant le ciel, et que ce qui est vrai, comme les aspirations inextinguibles de la nature, est inébranlable aux attaques de la raison.

Je conviens que toutes les prières ne sont pas exaucées; elles ne peuvent pas l'être, en ce sens que chacun obtienne la chose qu'il demande. S'il en était ainsi, personne ne mourrait, personne ne souffrirait, personne ne serait vaincu, car tout le monde implore la victoire, la santé, la conservation de la vie, le comble des biens et l'affranchissement de tous les maux. Sous un tel régime, les hommes gouverneraient le monde, Dieu serait gouverné, l'ordre ferait place au chaos, et le miracle qu'on ne veut pas admettre, à titre de dérogation à la loi, serait la loi de l'univers.

Mais toutes les prières sont exaucées, en ce sens que chacun obtient quelque chose, même quand il n'obtient pas la chose demandée. Dieu, en effet, doit opérer et opère une commutation de secours en faveur de ceux qu'il ne peut secourir comme ils le veulent. De cette sorte, il n'est pas un soupir de l'humanité qui ne soit recueilli dans les trésors de la miséricorde céleste pour retomber en bénédictions sur l'univers.

De cette sorte, c'est toujours Dieu qui gouverne, mais l'homme a droit de suffrage dans les conseils du gouvernement; si sa voix n'est pas prépondérante, elle est écoutée, et, disons-le avec tous les respects de l'adoration, l'économie de la prière ressemble à ces loteries séduisantes où tous les souscripteurs gagnent quelque chose.

Ajoutons que la prière élève celui qui la fait, même quand elle ne comble pas ses vœux, et que la France suppliante aux pieds de ses autels a été, pour le regard divin, plus grande que n'eût été une France impie couverte de lauriers.

Aussi, qu'elle ne regrette pas ses vœux et ses invocations inexaucées. Si le poëte se consolait d'avoir été malheureux, par cet avantage du malheur : *Il me reste d'avoir pleuré!* notre nation pourra s'enorgueillir de ses défaites sanctifiées, dans cette gloire préférable à des victoires sans conscience : *Il me reste d'avoir prié!*

Quoi qu'il en soit, conclut enfin la religion peu éclairée de la multitude, *si Dieu ne se montre ni cruel, ni aveugle, ni inexorable dans nos infortunes, du moins est-il injuste, puisqu'il permet l'immolation de tant de bons pour le triomphe des méchants.*

Que de choses nous avons déjà dites pour décharger la responsabilité divine des succès de la Prusse ! Faudrait-il maintenant reprendre la thèse classique sur la la distribution des biens et des maux, en faveur de quelques âmes ulcérées qui voudraient assujétir l'ordre général à leurs convenances particulières? Non, l'ordre serait troublé dans le cas où les innocents seraient seuls victimes, et où, à la guerre, il suffirait d'être un scélérat pour être invulnérable ; mais chacun sait que « les balles ne choisissent personne. » Si le Français souffrait parce qu'il combat pour le droit ; si les Allemands prospéraient parce qu'ils représentent d'âpres et cruelles ambitions, la Providence serait, par le fait, mise en accusation. Mais si l'on se rappelle que les chances sont réparties sans préférence entre les belligérants, et avec certitude de compensation ultérieure par la justice divine, qui n'est pas celle des conquérants, alors tout scandale cesse et le devoir de l'adoration commence.

Je conviens que les balles tombent quelquefois sur de nobles victimes ; mais ne fallait-il pas un peu de sang de la vieille France pour régénérer la nouvelle? Mais est-il bien certain que l'avenir de ces jeunes hommes, dans le tourbillon du monde, n'aurait pas coûté plus de larmes que leur mort pour le pays ? Mais depuis que Dieu a donné son Fils pour racheter l'univers, quelle famille chrétienne peut méconnaître la gloire de fournir une victime à notre rédemption sociale? Mais enfin, qui n'a reçu, de la chronique de certains trépas, une émotion à la fois poignante et de bon augure, comme si nos morts devaient nous sauver plus efficacement que les vivants?

Et puis, que veulent donc les difficiles esprits qui plaident pour quelques douleurs isolées, au milieu de la désolation générale? Que Dieu eût modifié l'économie universelle au profit des sentiments privés? Alors, il faudra que les boulets des Prussiens ne portent pas, ou qu'ils ne portent que sur des disgrâciés de l'affection qui ne seront pleurés de personne.

En vertu du même principe, il faudra, quand la grêle tombera, qu'elle reste suspendue en l'air au-dessus de la vigne du juste; quand l'avalanche roulera, qu'elle s'arrête devant l'honnête homme qui passe; et dans un naufrage, que les bons soient toujours sauvés, même quand ils ne sauront pas nager; et dans un déraillement de convoi, qu'il n'y ait de blessures que pour les impies!

Contradiction et pitié! Les mêmes qui contestent à Dieu le pouvoir des miracles, lui gardent rancune s'il n'en fait pas pour les empêcher d'être malheureux!

Ah! combien plus sage et lumineuse est la doctrine de la foi!

« Dieu fait luire son soleil, dit saint Augustin, sur « les méchants comme sur les bons. Mais si les biens « de cette vie leur sont communs, il est, dans la vie « future, des biens auxquels les pécheurs ne partici-

« peront pas et des maux dont les justes seront affran-
« chis. Par là, l'équilibre sera rétabli (1). »

On a surnommé le royaume de France le plus beau après celui du ciel. Tout s'explique quand on se rappelle que, dans le second de ces royaumes, les énigmes et les douleurs du premier recevront leurs récompenses et leurs solutions.

Au reste, l'antiquité païenne eut, sur ce point, des intuitions capables de faire rougir les chrétiens. Senèque a écrit un traité fameux, sous ce titre frappant : *Pourquoi les gens de bien sont-ils sujets à l'infortune, puisqu'il existe une Providence?* Et il répond :

« Parce qu'en livrant l'homme vertueux aux coups du malheur, Dieu le traite avec un discernement paternel ; il travaille à le rendre digne de lui, il l'épure, il le fortifie, il se le prépare : *sibi illum præparat.*

« Parce qu'il n'y a point de mal véritable pour le juste, l'épreuve lui étant utile comme la lutte à l'athlète, comme la guerre et le péril au soldat. »

Quand on se rappelle que ces choses ont été écrites à Rome, sous un empereur comme Néron, on admire des convictions qui étaient plus fortes que les cruautés et les découragements d'une telle décadence. Mais on prend en pitié la foi des contemporains que six mois de guerre ont réduits aux abois.

O nos saints aïeux! qui attendiez encore Dieu en 1802, sur les ruines de la société française, après douze ans de larmes et de chaos, où êtes-vous?

(1) *Cité de Dieu*, liv. 1, 8.

Conclusion de raison, la France est frappée parce qu'elle a prévariqué ; mais elle ne l'est pas mortellement. Son sol, sa langue, son génie particulier lui assurent une vitalité que l'Allemagne n'est point capable de dévorer et qui dévorerait plutôt l'Allemagne.

Les rois de France, depuis Charlemagne, ont souvent dominé au delà du Rhin ; jamais les empereurs d'outre-Rhin n'ont régné sur la France. Il est vrai que les pays enchanteurs habités par les races latines ont souvent tenté la cupidité des Germains ; mais nous les avons absorbés quand ils nous ont envahis, et, vaincus par leurs armes, nous avons été leurs vainqueurs par l'ascendant national, par nos lois et par nos mœurs.

Conclusion plus élevée : « C'est par un acte de foi que la France est née sur les champs de bataille de Tolbiac, c'est par un acte de foi qu'elle doit se sauver; et tant qu'il y aura dans notre beau pays un christ et une épée, nous avons le droit d'espérer (1). »

Conclusion de raison et de foi, que la France répare :

Les incuries de son orgueil et de sa présomption, par une activité mieux dirigée et moins aveuglément confiante dans l'étoile de la nation ;

Son culte du veau d'or par le désintéressement, et sa prospérité fondée sur l'agiotage par les richesses provenant de l'économie et du travail ;

Sa frivolité, sa somptuosité et son immoralité athéniennes par des mœurs évangéliques ;

Son scepticisme politique par la fidélité inviolable à

(1) Proclamation de M. le commandant d'Albiousse.

un pacte national, et à des principes internationaux pour jamais arrêtés;

Son athéisme législatif par une affirmation sociale de Dieu, qui empêche la négation contraire de prévaloir, soit dans les habitudes, soit dans les convictions de la multitude;

Son sacrilége diplomatique par un retour sincère à notre attitude protectrice envers le Saint-Siége;

Sa révolution permanente, en imitant la soumission persévérante de tous les autres peuples européens aux mêmes pouvoirs;

Son amour de la suprématie militaire, en préférant à la gloire de vaincre celle de se moraliser et de moraliser l'Europe;

Sa négation philosophique, par une restauration solennelle du spiritualisme chrétien;

Sa négation scientifique, en purifiant la science de ses amours désordonnés pour les hypothèses qui ne respectent pas l'homme, parce qu'elles le dispensent de se respecter.

Si la France travaille à la réalisation de ce programme, elle sortira de son épreuve toujours jeune, comme ce qui est immortel. Aux diplomaties jalouses qui s'applaudissent de sa fin, elle répondra par des progrès qui seront une vengeance bien supérieure aux succès des champs de bataille, et l'histoire parlant de notre crise actuelle, ne dira pas : LES DÉSASTRES DE 1870, mais LA RÉSURRECTION DE 1871.

TABLE DES MATIÈRES

ERRATA. — Page 21, au lieu de : *connaissait* dans *la pensée*, lisez : *connaissait la pensée*.

Page 32, au lieu de : *notre génération*, lisez : *notre siècle*.

Toulouse. — Imprimerie RIVES & PRIVAT, rue Tripière, 9.

www.ingramcontent.com/pod-product-compliance
Ingram Content Group UK Ltd.
Pitfield, Milton Keynes, MK11 3LW, UK
UKHW020242250726
13967UKWH00004B/1487